未来を創造する学び

コミュニケーション能力・創造的思考力を育む
新領域　創造表現活動の可能性

香川大学教育学部附属高松中学校　著
磯田 文雄　序

明治図書

教育目標

自ら立ちつつ

共に生きることを学ぶ

今日に生きつつ

明日を志すことを学ぶ

は じ め に

　本校では常に生徒の「今の幸せ」と「未来の幸せ」との二つの幸せを考えてきました。「今の幸せ」とは，今日の生徒の学校生活を充実した楽しいものにするということ，「未来の幸せ」とは，卒業後の10年先の社会人となった生徒の姿を想定し，そこで充実した楽しい人生が送れるということ。そのためのカリキュラムをこの本にまとめました。

　本校にはカリキュラムを開発してきた歴史があります。常に時代を先取りし，社会の要請に応えるよう教育の最先端モデルを提案してきました。昭和54年に創設された「セミナー」は，その後の「選択教科」のモデルとなりました。同様に平成３年度に開設された「人間科」は，中学校における総合学習のモデルとなりました。その後もカリキュラムの研究開発を続けてきました。そして今回，令和の時代を迎え，また新しいカリキュラムを提案します。今の生徒たちの10年後の社会はどのように変化しているでしょうか。既存の職業の過半数はなくなり，新たな職業が生まれると言われています。当然，生徒たちにはその未来の職業に対応できる新たな能力が求められます。本書で提案する「創造表現活動」は，生徒たちの10年後の未来に必要とされる能力を伸ばすものです。

　本校では，平成27年度から４年間の文部科学省研究開発学校の指定を受けて，豊かな表現と深い学びを育む教育課程の研究開発に取り組んで参りました。生徒たちのこれからの時代に必要とされる「コミュニケーション能力」「創造的思考力」の育成という大きな課題に対し，従来の教科の枠組みを超えた「創造表現活動」という新領域を設置しました。その中の「プラム」「人間道徳」という二つの小領域では，特色ある表現活動を実践するとともに，学年進行に伴ってより高次となる教育活動を展開すべく取り組んで参りました。

　新元号「令和」の典拠は「初春の令月にして，気淑く風和ぎ，梅は鏡前の粉を披き，蘭は珮後の香を薫らす」という万葉集の中にあります。この文章のキーワードの一つである「梅」は学問の神様の菅原道真の歌から来ており，我が附属高松学園のシンボルです。「プラム」の名前もそこからきています。新しい令和の時代の教育の先駆けとして附属高松中学校の開発した新たなカリキュラムを発信できることを嬉しく思います。

　最後になりますが，本書をまとめるにあたり，この４年間の研究をご指導いただいてきた運営指導委員であられる，名古屋大学アジアサテライトキャンパス学院学院長　磯田文雄先生，高松大学教授　七條正典先生，香川大学教育学部准教授　岡田涼先生より玉稿を賜りました。ありがとうございました。さらに，香川県教育委員会の先生方はじめ，多くの先生方のご支援，ご協力を賜り，本書を刊行することができましたことに深甚なる感謝を申し上げます。

校長　佐藤　明宏

目　次

創造表現活動の実践

● **Column** ●

序章
創造表現活動の可能性

寄稿

「創造表現活動」を設立した カリキュラムの可能性

磯田 文雄
名古屋大学アジアサテライトキャンパス学院　学院長

❶ 附属高松中学校の総合学習・体験学習の系譜

①総合学習・体験学習の確立

　昭和40年代，香川大学教育学部附属高松中学校では，パイロット・プロジェクトとして「コンピューターをベースとする教育システム」の開発が行われていた。また，この時期は教科教育の黄金期でもあり，社会科の出石一雄先生を始め附属高松中学校から全国に名を馳せる教員が誕生した。

　しかしながら，昭和50年代に入り中学校教育は様々な問題状況に直面する。受験競争の激化，詰め込み教育，校内暴力，いじめ，不登校などである。教科教育では教育界をリードした附属高松中学校も，生徒指導についてはお手上げ状態だった。公立学校の参考になるような実践研究を示すことはできなかった。「附属に何がわかるか」というのが，公立中学校の先生方の思いだったのかもしれない。

　これらの課題に対応するため，附属高松中学校は昭和50年代前半から「教育の人間化」の研究に着手する。特に，平成３年には総合体験学習「人間科」を創設し，人間としての在り方，生き方を学び，人間性や主体性を培うことを目指して研究に取り組む。平成10年には総合教科「共生科」を開発し，21世紀の社会で「自立・共生」するために必要な資質・能力を総合的，系統的に育成することを目指す研究を行う。

②「総合的な学習」の教科化

　平成20年度には総合教科「未来志向科」を創設する。この新教科は，安彦忠彦先生の助言で始まる。「総合的な学習」を教科にしようとするものである。本研究については，附属高松中学校が作成した『総合教科「未来志向科」で拓く新しい学び』を参照していただきたいが，同書において，安彦先生は本研究の成果を次のように取りまとめている。

　第一に，「総合的な学習」がねらっていた「主体的な学習・問題解決的な学習」の目的を，教科に変えてもほぼ達成できることを実証した。第二に，「義務教育の最終段階」において「総合的な学習」が具えるべき一定の教科内容を明確にした。具体的には，「情報」「産業」「環境」という三領域を設定し，「人間」「自然」「社会」という三側面からそれぞれの単元構成を

行った。第三に，「教科」の形をとったけれども，「総合的な学習」の長所である「思考力等」の育成も「未来志向科」で直接的に育てようとした。

❷ 中学校教育における総合学習・体験学習の重視

①総合学習・体験学習の人気

「未来志向科」は，これまでの附属高松中学校の総合学習・体験学習の研究の蓄積を継承して創設されたものである。そもそも総合学習・体験学習は，中学校教育においてとても人気のある実践研究課題である。

私が香川県教育委員会に勤務していた昭和60年代前半も，香川県では総合学習・体験学習の先進的な取り組みがいくつも実践されていた。多度津町立多度津中学校では昭和59年度に文部省から勤労生産学習の研究指定を受け，氏家治校長の指導の下，週１日をすべて勤労生産学習に充てるという実践研究を行った。研究開発学校は，学習指導要領等国の教育課程の基準によらずに教育課程を編成・実施することができる。しかし，勤労生産学習の指定は，研究開発学校としての指定ではない。香川県教育委員会は，週１日の勤労生産活動を当時の教育課程の基準に沿うものと判断し，氏家校長の実践研究を支援した。高松市立古高松中学校では進路指導を，琴平町立琴平中学校ではダンスを，高松市立香南中学校では体育祭を中核とした学校づくりに成功している。

東京の事例としては，根津朋実，井上正允，田中統治（2004）が筑波大学附属駒場中・高等学校において「音楽祭」が集団形成とりわけリーダーの育成に及ぼす機能について分析している。

②重視される理由

なぜ，総合学習・体験学習が重視されるか。

第一の理由は，学校づくりの中核となるからである。香川県はもとより全国の多くの中学校において，特別活動，総合学習，体験学習を重視した学校づくりが成功している。総合学習・体験学習を重視した学校運営が，生徒指導上の問題解決だけでなく，学力向上にも大きく役に立つことを現場の教員は肌で感じているからである。

第二に，教員全員が参加でき，学校全体の力を結集することができるからである。総合学習や体験学習については，教科に関わりなくすべての教員がその研究に参加できる。教員全員が参加することによって，学校全体の力を結集することができる。特に，これらの学習の多くは地域社会の協力を必要としており，地域社会の教育力が学校の教育力を高めていく。

第三に，中学校における教科研究は，まず，異なる教科を通じる共通な研究の視点や研究手法を整理し，その上で教科ごとの研究に入っていくが，その段階では，教科ごとの２～３名の

教員で教科別に研究を進めることとなり，教職員全員が参加するという点でも，学校全体の力を結集するという点でも，うまくいかない場合が少なくない。

❸ コミュニケーション能力の育成

①知識・技能と思考力・判断力

　「創造表現活動」は，附属高松中学校の「人間科」以来の総合学習・体験学習の伝統を引き継ぐものであるが，政府の学力観及びその運用の限界を克服しようとする新たな性格を見て取ることができる。

　政府は，「学力の三要素」（1．知識・技能，2．思考力・判断力・表現力，3．主体性を持って多様な人々と協働して学ぶ態度）を育成・評価することが重要だと考えている。大学入学者選抜の改革を進めるため，2020年度から新たに大学入学共通テストを導入する予定であるが，同テストにおいては，「教科・科目の特質に応じ，知識・技能を十分有しているかの評価も行いつつ，思考力・判断力・表現力を中心に評価を行うものとする」（大学入学共通テスト実施方針（2017））としている。知識・技能が習得されていることを前提に「思考力・判断力・表現力」を中心に学力を評価しようとしているのである。

　しかし，南風原朝和先生が指摘するとおり，ここには，知識の上に，あるいは知識の先に思考力等があるという一方向的な知識観・思考観がある。知識・理解と思考力・判断力・表現力には双方向的な関係がある[1]。また，澁澤文隆先生が言う①社会認識の基礎としての座標軸になる知識や②社会的事象が的確に見えてくる概念的な知識など，学力形成上重要な知識は多々ある。知識・技能を学力の評価において尊重しないのは適切でない。

　次に，南風原先生が指摘するとおり，「思考力と判断力は，学習の目標としても，指導の目標として具体性にかけ，とらえどころがない。たとえば，生徒が評価の結果として『思考力が劣る』『判断力は平均以下である』と言われても，何をどうすればよいかわからない。指導者にとっても同様である。したがって，教育上の目標として設定するのに適切なものとは言えない」。

1　政府の文書の中では，「知識及び技能を活用して課題を解決するために必要な思考力，判断力，表現力等を発揮することを通して，深い理解を伴う知識及び技能が習得され，それにより更に思考力，判断力，表現力等も高まるという相互の関係にある」（大学入学共通テスト実施方針策定に当たっての考え方（2017））とも書かれており，知識・理解と思考力・判断力・表現力の双方向的な関係を認めているものもある。

②他者との対話と合意形成に限定

これに対し、「創造表現活動」は、「思考力・判断力」を育成すべき資質能力の中心的な対象とせず、表現力に焦点を当てた。南風原先生のおっしゃるとおり、「表現力は基本的にスキル＝技能であり、例えば文章表現力については、書かれた文章のどこがどうわかりにくいかを指摘することも、そこを改善しようと努力することも可能である。」表現力に能力を絞ったことにより、実現可能なカリキュラムになっている。

さらに、表現力をコミュニケーション能力として提示し、コミュニケーション能力を「他者との対話を円滑に進めて、合意形成する力」と定義したことも、現代的な課題に対応したものとして評価できる。異なる言語・文化を持った人々と国内においても共生していく時代に子どもたちは生きている。多様性（ダイバーシティ）を基本に、より豊かな社会を合意に基づいて形成していく。そのためのコミュニケーション能力である。これからの時代に求められる資質であり、思考力・判断力とは異なり具体的に育成することの可能な能力である。目標として設定するにふさわしい。

なお、コミュニケーション能力の育成を目標とすることは、思考力・判断力の育成が重要でないということではないのは言うまでもない。思考力・判断力の育成を中心的な目標にして活動し、それを評価しようとしても、それでは有効かつ効果的な教育活動にならないということである。

---

❹ 価値を更新し続ける力

①「価値」を学校教育でどう扱うべきか

道徳の教科化の議論の際、伊吹文明大臣が提起した論点、「国がある価値観を持って決めるというような検定教科書的なものを作るということはやっぱり非常に難しいんじゃないか」[2]、「いわゆる教科にするということは点数を付けなければいけませんからね、そういうことは私は賛成はできない」[3]について私たちはどう考えたらよいのだろうか。

平成26年の中央教育審議会答申や平成28年の文部科学省の専門家会議の報告をもって回答であるという人もいるかもしれないが、その答申等の考えは、教科化を所与の前提とした考えである。研究開発としては、道徳教育を改善するため教科化以外の改善方策を検討することも必要である。

なぜなら、道徳教育というものが価値を扱う教育であるからである。伊吹大臣の問いは道徳教育の基本に関わる問いである。すなわち、我々は「価値」を学校教育においてどう扱うべきか。政府が決めた「教科化」された道徳教育を子どもたちに伝えるだけでよいのか。当面は日

2　伊吹文明、平成19年6月5日、参議院文教科学委員会
3　伊吹文明、平成19年6月7日、参議院文教科学委員会

本の教育界として道徳教育の「教科化」に力を結集して頑張るとしても，代替案を検討しておかなくてよいのか。

②価値を更新し続ける力

　附属高松中学校は，価値を更新し続ける力の育成を，道徳教育改革の一つのモデルとして提案した。

　創造表現活動は，コミュニケーション能力と創造的思考力を育成することを目標としているが，ここでいう創造的思考力とは，「自己を見つめ，よりよい社会に向かって価値を更新し続ける力」である。知識・技能と思考力・判断力との関係で問題となった思考力・判断力はここでは育成すべき力の中心にはない。また，「価値を更新し続ける力」を育成すべき能力の目標に設定することにより，「『価値』を学校教育でどう扱うべきか」との問いに，一つの回答を示している。子どもたちが学ぶ価値は，生徒たち自身で主体的・協働的に進めていくプロジェクトの過程で気づく（出会う）様々な価値そのものである。

　次に，「更新し続ける力」こそ道徳教育の本質である。創造表現活動では，「価値を更新し続ける」ということは「自己の価値観をより高次なものに変化させること」と捉えている。多面的に見られるようになったり，より強固な考えになったり，考える軸がくつがえったり，そういう変化を広く「価値の更新」と捉えている。

　また，「価値の更新」は現代社会が求めているものでもある。人類は格差の急速な拡大と有限な地球環境の破壊に直面している。現在のグローバル経済，国民国家のシステムを継続する限り，人類は極めて危険な状況に陥ることとなる。これまでの経済システム，国家体制に抜本的な修正を加えないと人類の存続は危機に瀕することとなる。人類のこれまでのシステムに大きな変革を加える必要がある。それに伴って価値は大きく更新される。人類の発展とともに形成されたこれまでの価値や秩序を守るためにも，価値の更新が求められている。

❺　今後の研究の方向性

①「伝えること」から「心が通い合うこと」へ

　今回の研究では，「伝えること」「対話経験を豊富に行うこと」に焦点を当ててコミュニケーション能力の育成を図ってきた。異文化異言語の人々とともに生きる多文化共生社会においては，「伝えること」はコミュニケーション能力の基本である。また，「対話経験を豊富に行うこと」は，子どもたちが比較的同質的な狭い人間関係の中で育っていることを考えると，必要な活動である。

　では，この次に何を考えればよいか。それは，友情，理解，愛といった心情面のコミュニケーションを深めることであろう。すなわち，「心が通い合うこと」である。

②「競争」から「分かち合う共同体」へ

　現在のグローバル経済では，「競争」が価値の中心にある。この価値を更新し，競争原理と「分かち合い」との適切なバランスを取らなければならない。神野直彦先生が論ずるように「『分かち合い』の原理は，他者の成功が自己の成功となり，他者の失敗が自己の失敗となる協力原理に基づく組織を要求する」。「分かち合う」学校が，次の学校教育の目標となる。「競争」だけで学校教育の課題を解決することはできない。「分かち合い」の活動を強化することにより，21世紀の学校づくりは実現する。

〈参考文献〉
・磯田文雄『教育行政―分かち合う共同体をめざして』ミネルヴァ書房，2014年
・香川大学教育学部附属高松中学校編『総合教科「未来志向科」で拓く新しい学び』ぎょうせい，2012年
・根津朋実，井上正允，田中統治「中高一貫校の異年齢構成による学校行事が果たすリーダー形成機能
　―筑波大学附属駒場中・高等学校「音楽祭」を事例として」『カリキュラム研究』第13号，2004年
・南風原朝和「大学入試改革の目玉がはらむ問題」『IDE 現代の高等教育』No.608，2019年2-3月号
・澁澤文隆『新学力観に立つ社会科の授業改革』明治図書，1994年
・神野直彦『「分かち合い」の経済学』岩波書店，2010年

創造表現活動から私たちは何を学んだのか

*コーディネーター　小野 智史［本校教諭］

上田 瑞稀
（平成29年度卒）

柏井 海宥
（平成29年度卒）

伊野 羽月
（平成30年度卒）

四宮 悠允
（平成30年度卒）

○創造表現活動の思い出は？

柏井　一番印象に残っているのは笑（スマイル）カンパニー（3年次の人間道徳）で，準備がいろいろと大変だったんですけど，どうやったら来てくださるお客さんを喜ばすことができるか，笑顔を見ることができるか，一生懸命考えました。2回に分けたんですけど，1回目より2回目の方が，すごくうまくいきました。幼稚園の子たちがいっぱい来てくれて，いろいろな人の笑顔が見られて，一番楽しかったです。

四宮　僕たちの代は，絆プロジェクト（3年次の人間道徳）というのがあって，「社会のために何ができるのか」が一番大きなテーマだったと思うのですけど，それにむけて高松城（玉藻城）では，自分は直接人を笑わせられるようにという目的で漫才をしました。部活動の仲間がけっこう多かったんですけど，一生懸命みんなで頑張れて，それなりにいいものができて，来てくれた幼稚園児から高齢者の方まで，みんなを笑顔にすることができたと思っています。大きな成功だと思っています。

伊野　一番印象に残っているのは，プラムの卒業ムービーを作る（映像制作II）というのがあって，私は編集の担当でした。黒板アートを実際にやったり，授業中の風景を後ろから撮影させてもらったり，日常の私のクラスを撮って，動画の中に入れ込んだり，音楽も同じアーティストで統一感を出しました。1年から3年までを，こんなことがあったねと思い出していくという形のストーリーでした。1年2年3年とか人間道徳とか音楽を変えながらやっていったんですけど，編集ってめちゃくちゃ大変で，放課後も残ったり，動画を撮り直したり，黒板アートも何回も撮り直しました。大変だったけど，（優秀作品に）選ばれたんですよ。そしてみんなの前で発表されてめちゃくちゃうれしかったです。

上田　笑（スマイル）カンパニーです。やっぱり自分たちで会社を作るという名目で，自分たちだけで本当に，先生たちの知恵も借りたんですけど，ほとんど自分たちの力だけで物事を考えていって，作っていって，企画していくという経験は，中学生の私たちには，社会を知るという意味で，いい経験になりました。

○高校生活で創造表現活動の学習は生かされている？

上田 高校で香川の課題を見つけて，調べて，何とかしていこうという企画をしています。中学校でやったことと似ていて，中学校の時ほど話し合いの場や活動の場はないのですが，自分でパソコンで黙々と調べて，ということになってしまいますが，その時に物事の視点の捉え方とか，どのように計画を立てていこうとか，自分の中では創造表現活動のおかげで，すごくやりやすいです。

柏井 中学の時ほど機会があるわけではないけど，今香川の課題について個人個人で調べていて，中学のほうが楽しくできました。情報の集め方とかは，中学校の時みたいにします。行事とかの委員になったら，学校の外に出ていくということもあるので，社会の人との接し方がそれほど困らないです。

上田 担任の先生から言われました。話し合っていて，「附中生はスピーチとかしゃべるの上手やね」って。その時に「創造表現活動をやっていました」という会話をしたことを覚えています。

伊野 創造表現活動で，附属亭（３年次の人間道徳　絆プロジェクトのイベント名）の時は，グループごとに分かれて，１から全部作るみたいな感じでした。高校では，文化祭の委員だったんですけど，文化祭も同じように１から作るじゃないですか。どういう順番で作っていったらいいかとか，あと文化祭だったら何がいるかとか，細かなところも３年の附属亭で結構アイデア出しながら，１から作るということに慣れていて，楽しさも知っているし，３年生の時の経験が生きた気がします。

四宮 重なってしまうんですけど，人間道徳もプラムも結局は，附中の枠を超えて，地域の方と最後はふれあって，交流していくということが多かったと思うのです。絆プロジェクトも，結局は自分たちで考えたことを発表（表現）しました。高校に入って，香川とか地域とかそこまで大きなものと関わることはないのですけど，クラスの中で現代社会とか現代国語で発表する時には，自分でスピーチを構成して，発表する場面があって，慣れているというか，他の人に伝わるために，自分と相手のことを考えて，話の構成を考えたりすることができるようになっています。

上田 自分だけ少し特別なんですけど，市の条例を考えるという政策コンテストというのがあって，笑（スマイル）カンパニーのことを（発表しました）。ああいう場を学校が設けてくれ，発表したということはすごくためになったし，「経済の道に行こう」と思い始めたのも政策コンテストがあったからです。

小野 将来の夢にまでつながるようなところがあったのですね。みなさん，これからもそれぞれの道で力を発揮してください。今日はありがとうございました。

創造表現活動で
輝く生徒たち

外国の方とつながる

子どもたちと親しむ

参加者に語りかける

心を通わせる

ランツで語る

モノで伝える

仲間と作物を育てる

仲間と体験を振り返る

これまでの創造表現活動を通して，あなたが学んだことはどのようなことでしょうか？

私は、これまでの創造表現活動を通して、人に何かを伝える、ということの難しさと楽しさと、自分たちは社会とつながっているんだという実感を得ました。1年生から行った映像の授業では、自分達が映像を通して伝えたいことを伝えるために、撮り方、映すもの、など工夫をこらすことを学び、工夫したことで相手に伝えたいことが伝わったり工夫したけれど伝わらなかったりまた違う捉え方につながったりと、難しさも学びました。

演劇やスピーチ、洋玉で行った遊び処附属寺では、人に何かを伝えたくて自分が工夫をしたことで、相手から良いアクションをしてもらえたり遊び方の説明や案内でお客さんが喜んでくれたりしたとき、伝える楽しさを学ぶことができました。職場体験や募金活動、遊び処附属寺で、自分たちが社会に与える影響についてや、自分に何ができるかについて深く考える時間ができ、活動したことで、社会をつくるのは自分たちであり、自分は社会と強くつながっている、と感じることができました。

私は、表現の幅が広くなったなと思った。学んだというより新しいできたしが増えて「自分の思っていたことが、100%伝わるか」ではなく、どう伝わるか、相手にとってどう感じるか、これがおもしろい！といった多面的な考え方が身についたと思う。プラムのアートゲイト、おもてなしといったところで"伝える"と いうことが前ていだったので、自分たちで考えるのは大変だったけれど、「絵を描いて伝える」という作業が、「4コマまんが風にしたら？」や「劇にしよう！」などの個性や得意なことを伝えられる発想につながるようになった。それは、自分たちは〇〇ができるという思いがあって、楽しんでできたからだと考える。また、人間道徳の幼稚園児たちにルールを説明する場面がいてばん印象に残っている。最初は、スピーチのときを思い出せばいいもと思っていたけど実際にうまくいかず、自分からダメだてたという意識があって、目線を低くしたり、笑顔でゆっくり優しく話したりするなど、変化をつけられたことが良かったと思う。相手の目線に立つことを学んだ。

第 1 章

コミュニケーション能力，
創造的思考力を育む
創造表現活動

1 これからの時代に必要な資質・能力
～コミュニケーション能力，創造的思考力～

❶ 子どもたちが生きるこれからの社会

　知識基盤社会の到来やグローバル化等，社会は私たちの想像をはるかに上回る速さで進展している。情報通信技術の発達によって情報社会は進み，近い将来，様々な労働がコンピュータで制御された機械に置き換わるだけでなく，思考を必要とする労働の一部が人工知能に代替される社会が実現し，生徒の半数以上が今は存在していない職業に就く可能性があることが指摘されている。また，社会構造の変化に伴う少子高齢化や核家族化等により，生活様式や価値観が多様化し，地域でのコミュニティ形成が困難な状況が続いている。そのため，個の力だけでなく，価値観や文化の異なる人たちと意見を交換しながら，物事を解決したり，新たなものを生み出したりしていくことが必要になる。

　これからの社会を考えると，知識や技能の獲得，再生という力だけでは意味をなさない時代が訪れる。獲得した知識をもとに，予測のつかない状況の中で，正解のない課題に対して，粘り強く試行錯誤しながら最適解を生み出していかなければならない。そこには，集団の中で機能する協働的な能力が必要であり，他者との関わりの中で自分の考えを深めたり，広げたりしていかなければならない。つまり，これからの変化の激しい予測が困難な社会に対応して，自分と異なった考えや思いをもつ人とも対話を重ね，主体的によりよい未来を創造していく資質・能力が求められている。

　そこで，香川大学教育学部附属高松中学校（以下，附属高松中学校）は，平成27年度から文部科学省研究開発学校の指定を受け，これからの時代に必要な資質・能力を育むためのカリキュラム開発に取り組んできた。

❷ これからの時代に必要な資質・能力

　附属高松中学校では，これからの社会の在り方を踏まえ，コミュニケーション能力，創造的思考力の二つの資質・能力が求められると考えた。では，これら二つの資質・能力とはどのようなものなのだろうか。

①コミュニケーション能力

　これからの社会では，正解のない課題や予測できない困難な状況を，価値観の異なる他者と協働しながら解決することが求められる。他者と協働しながら解決する場面で必要な資質・能力が，"コミュニケーション能力"である。本校では，コミュニケーション能力を次のように捉え直した。

> コミュニケーション能力とは……
> **他者との対話を円滑に進めて，合意形成する力**

　価値観の異なる他者と協働しながら課題解決を行っていくために，対話は欠かせない。対話とは，自分の意見や考えを他者と共有したり，意見をすり合わせたりするために行われるものであり，決して一方通行のものではない。そこには，対話に参加している双方ともに自分の意見を伝えることと，相手の意見を聴くことが求められる。対話という観点から考えると，意見を伝えることも聴くことも能動的な行為と捉える。また，これからの時代を考えると，対話の様式も口頭でのものだけではない。ジェスチャーや図，イラスト等，様々な手法を用いた対話も含めて考えなければならない。

　では"他者との対話を円滑に進める"とは，どのようなことを意味するのか。

　ここで示す"円滑に"とは，妥協点を見つける，折衷案を生み出し歩み寄る，説得する，時には相手の反応を踏まえて適切に対応する等のことも含んでいる。

　そのような過程を経て合意形成することこそ，他者と協働して課題解決を行うために必要な資質・能力であり，これからの社会を生きる生徒たちにとって必要なものなのである。

②創造的思考力

　正解のない課題や予測できない困難な状況に直面した時，向かうべき方向性や理想像を創り上げなければならない。そこには，自分自身と向き合いながら，ヒト・モノ・コトへの見方や考え方を多面的・多角的に問い直し，自己や社会の理想像を創造することが求められる。本校では，創造的思考力を次のように捉え直した。

> 創造的思考力とは……
> **自己を見つめ，よりよい社会に向かって価値を更新し続ける力**

　"価値を更新する" とは，自分の中の様々な価値観をより高次なものに変化させること，と考える。自分が考えるヒト・モノ・コトの『よさ』を常に塗り替えていくことにより，今までとは異なる見方や考え方でヒト・モノ・コトを捉えることができたり，よりよい社会を創造するための新たなアイデアを生み出したりすることができるのである。

●Column● コミュニケーション能力，創造的思考力の高まりってどう評価するの？

　本校では，二つのアプローチでこの高まりを見取ることにしました。

　一つめは「アンケート調査」による変容です。1年に3回（4月，10月，2月），資質・能力に関するアンケート調査を実施しました。項目は下表の18項目です。

No.	質　問　項　目
1	班や学級での活動で，みんなの意見をまとめようとしている。
2	友達の前で自分の考えや意見を発表することは得意である。
3	発信をする時は，相手の気持ちを考えて意見を伝えようとしている。
4	質問をする時は，質問内容を考えて適切な質問をしようとしている。
5	授業で意見などを発表する時，うまく伝わるように話の組み立てを工夫している。
6	自分の考えを他の人に伝える時，表情や態度に気をつけている。
7	自分と違う意見をよく聞き，よいものを取り入れようとしている。
8	現時点での自分の伝え方で，自分の考えは相手に正しく伝わっていると思う。
9	学級の友達との間，生徒の間で話し合う活動を通じて，自分の考えを深めたり，広げたりすることができている。
10	発言する人の気持ちを考えながら，話を聞こうとしている。
11	現時点での自分のコミュニケーション能力は将来の仕事や夢にプラスに働く。
12	自分には長所がある。
13	地域や社会をよくするために何をすべきか考えることがある。
14	私の参加により，地域や社会を少し変えられるかもしれないと思う。
15	自分自身についてじっくり見直そうとしている。
16	見方や考え方の違う人と接することは，見方や考え方を深めることにつながると思う。
17	課題を解決しても，新たな課題や疑問がないかと考えようとしている。
18	新しいことを始めても，出だしでつまずくとあきらめてしまう。

　二つめは，それぞれの資質・能力が高まった具体的な姿を設定し，それらの姿が学習場面やその他の場面で見られたかどうかです。設定した具体的な姿は以下の通りです。

コミュニケーション能力が高まった姿	創造的思考力が高まった姿
○自分の想いを，様々な方法を使って伝えることができる。 ○自分の想いを，相手意識をもって伝えることができる。 ○状況に応じて合意形成することができる。	○新たな価値に気づくことができる。 ○今までとは異なる見方や考え方で，自分とヒト・モノ・コトとの関わりを捉えることができる。 ○よりよい社会を創造するための新たなアイデアを生み出すことができる。

　コミュニケーション能力，創造的思考力をどのように見取り，評価するのかが，カリキュラムを構想する上で，最も大きな課題になりました。

2 なぜ新領域なのか

❶ コミュニケーション能力,創造的思考力を各教科等で育成を図ることは,本当に適切か

　平成20年度告示の学習指導要領で「言語活動の充実」が教育課程編成の一般方針としてあげられ，確かな学力の育成をめざして，各教科で言語に関する能力の育成を図ることが求められた。しかし，言語活動が授業や単元の中で明確な意図をもって位置づけられておらず，単なる話し合いにとどまり形骸化していて画一的な指導方法となっていたり，常に言語活動を行わなければならないと誤解していることにより，言語活動を行うこと自体が目的化したりしている等の指摘があった（下図）。つまり教師が，言語活動の充実を意識するあまり，教科の学びが深まらない等の問題が生じているのである。平成29年度告示の学習指導要領における「主体的,対話的で深い学び」の授業改善の視点についても同様の問題が危惧される。

　もちろん，教科学習も含めカリキュラム全体で，コミュニケーション能力，創造的思考力の育成を意識していくこと自体は一定の有効性はあるだろう。石井（2016）が指摘するとおり，「汎用的スキルを直接的に指導する手立てを講じ，教科をクロスする指導事項として位置づけていくことは，教科指導において，トリプルスタンダード（①教科の知識・技能，②教科固有の思考力・判断力・表現力，③汎用的スキル）を追求することになり，授業の煩雑化や形式化をもたらしかねない」のではないか。

　そこで，コミュニケーション能力，創造的思考力を教科学習で育むという構想は，同じような弊害を引き起こすことにもつながりかねないと考え，本校では，コミュニケーション能力，創造的思考力を育むための新領域設立に着手した。

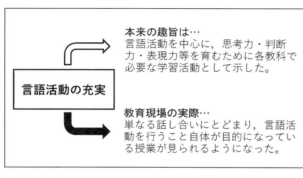

「言語活動の充実」によって，これまで
教育現場では様々な問題が見られた

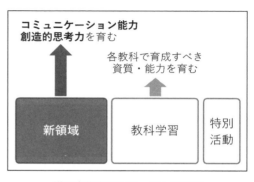

附属高松中カリキュラムの特徴

❷ 新領域設立のよさ 〜役割の明確化と相互作用〜

　コミュニケーション能力，創造的思考力を育成するための新領域を設立するよさは何だろうか。それは，次の二つである。

①カリキュラムにおける役割の明確化

　これからの時代に必要な資質・能力であるコミュニケーション能力，創造的思考力の育成に焦点を当てた学習を，新領域で確実に実施できることである。学習のねらいがシンプルで明確になれば，授業は各教師の長所を生かしてダイナミックに展開することができる。また，新領域がコミュニケーション能力，創造的思考力の育成を担うのであれば，教科学習では，各教科で育むべき資質・能力に焦点を当てた学習を確実に行うことが可能になる。「言語活動の充実」導入によって起こった，言語活動そのものが目的化した授業は確実に減少するだろう。本校のカリキュラムでは，新領域がコミュニケーション能力，創造的思考力を育み，教科学習が各教科で育成すべき資質・能力を育むという，明確な役割分担がなされている。

②新領域と教科学習の相互作用

　新領域と教科学習で育む資質・能力が明確になることで，それぞれの学習は従来の教育課程よりもダイナミックに展開することや，学習評価も適切に行うことができ，育成すべき資質・能力は確実に育むことができるだろう。そして，高まったコミュニケーション能力や創造的思考力は，新領域の枠を超え，各教科の学習の中で存分に発揮され，教科学習をより一層充実したものに変えていく。さらに，各教科で育まれた資質・能力は，新領域の中でも活用され，新領域をより一層充実したものに変えていく。つまり，新領域と教科学習は相互に作用し合い，それぞれが育むべき資質・能力の育成につながっている。

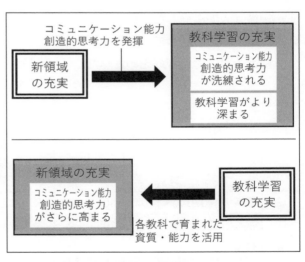

新領域と教科学習の相互作用イメージ

〈参考文献〉
・石井英真「資質・能力ベースのカリキュラムの危険性と可能性」『カリキュラム研究』第25号，2016年

3 創造表現活動を設立したカリキュラム

❶ 新領域「創造表現活動」を設置した本校のカリキュラム

　本校は，コミュニケーション能力，創造的思考力を育成するための領域として，「創造表現活動」をカリキュラムに位置づけた（右図，下表）。総合的な学習の時間，道徳（特別の教科 道徳），教科の一部を削減し，創造表現活動を新設している。

　創造表現活動は，相手意識をもったよりよい表現を追求する小領域「プラム」と，豊かな体験と振り返りによって自己の生き方・在り方を問い直す小領域「人間道徳」とで構成される。この二つの小領域の学習を通して，コミュニケーション能力，創造的思考力の育成をめざした。

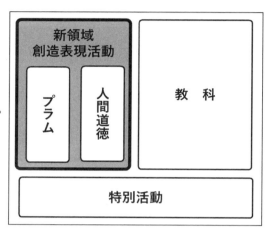

本校のカリキュラム

		各教科の授業時数									道徳	総合的な学習の時間	特別活動	創造表現活動	総授業数
		国語	社会	数学	理科	音楽	美術	保健体育	技術・家庭	外国語					
1年	標準	140	105	140	105	45	45	105	70	140	35	50	35	-	1015
	本校	**105**	105	140	105	**35**	**35**	105	70	140	**0**	**0**	35	**140**	1015
2年	標準	140	105	105	140	35	35	105	70	140	35	70	35	-	1015
	本校	**105**	105	105	140	35	35	105	70	140	**0**	**0**	35	**140**	1015
3年	標準	105	140	140	140	35	35	105	35	140	35	70	35	-	1015
	本校	**70**	140	140	140	35	35	105	35	140	**0**	**0**	35	**140**	1015

※本校のカリキュラムにおいて，削減した教科，領域等については，次のようにしている。
　国語科については，「話すこと」「聞くこと」「書くこと」に関する学習に充てる時間を一部削減し，創造表現活動でその内容に関する活動を長い時間かけて探求的に取り組むことができるようになることをめざした。美術科，音楽科については，１年の表現に関する学習に充てる時間を一部削減した。
　創造表現活動は従来の総合的な学習の時間のよさ，道徳のよさを踏まえつつ，コミュニケーション能力，創造的思考力を育成するための新たな領域として位置づけている。道徳教育に関しては，創造表現活動を含む学校教育活動全体で行うこととしている。

❷ コミュニケーション能力,創造的思考力を,創造表現活動でどのようにして育むのか

①コミュニケーション能力を育むために

　本校ではコミュニケーション能力は"伝えること","聴くこと"という二つの要素が支えていると考えている。そこで，次の二つの視点で，コミュニケーション能力を育む。

　一つめは，コミュニケーション能力の"伝えること"に焦点を当てて育成を図ることである。対話を円滑に行うためには，自分の考えていることが相手に伝わらなければいけない。そのためには，「伝えたい内容を構成すること」と，「伝え方を工夫すること」が必要である。しかも，伝える相手のことを意識した内容や伝え方が求められる。ここでは，言葉を使って，または図や表，イラスト，動画等あらゆるものを活用して自分の想いを相手に伝えることが重要である。相手に伝えるための内容の構成と伝え方の工夫を学習内容とした学習活動を繰り返し行い，それらを身につけていくことが，コミュニケーション能力の育成につながると考えた。

　二つめは，対話経験を豊富に行うことである。学習の文脈の中で，様々な人たち（学級内の仲間にとどまらず，異学年の生徒や学校外の人たちも含む）と行う対話経験が重要だと考える。そして，その対話から得られる実感（伝わったことにより～～が変わった，伝わらなかったから～～がうまくいかなかった等）が自分の対話を見つめ直すきっかけとなるとともに，コミュニケーション能力を高める原動力になる。特に，学校生活で直接関わることの少ない人たちとの対話経験は，コミュニケーション能力の必要性の実感につながると考えた。

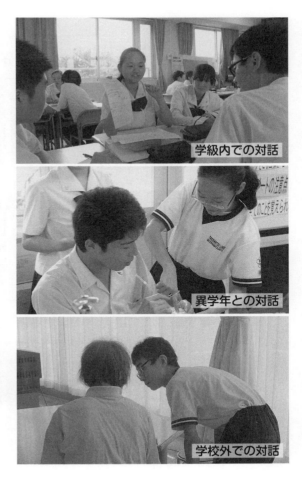

学級内での対話

異学年との対話

学校外での対話

> **コミュニケーション能力育成の考え方**
> 「伝えることへの焦点化」と「豊富な対話経験の保障」がコミュニケーション能力を育む。

②創造的思考力を育むために

　自らビジョンをもって取り組む過程で出合うヒト・モノ・コトへの関わりは，その人の成長に関わる貴重なものである。その関わりから得られる気づきによって，これまでのヒト・モノ・コトへの見方や考え方が広がったり，深まったりし，その結果，新たなビジョンの形成にもつながっていく。しかし，体験がすべてではなく，その体験は自分にとって「どうであったのか」，「自分はどうするべきだったのか」，「次はどうしたいのか」等を深く振り返ることで，体験から学んだことを意味づけ，価値づけ，内実化する。

　創造的思考力の育成には，どのような体験をするかと，それを振り返りどのような気づきがあり，それを自己とどう結びつけることができるかが重要な鍵となると考えた。つまり，生徒が出合う体験は，これまでに出合ったことのないものであったり，自分の見方や考え方を揺さぶるものであったりするなどの"豊かな"ものであること，そして，その体験から何を考え，学んだのかを振り返ることが重要である。

創造的思考力育成の考え方
「豊かな体験」と「振り返り」が創造的思考力を育む。

❸ 育成する資質・能力と二つの小領域の関係

　コミュニケーション能力，創造的思考力の育成を，創造表現活動の中でいかに効果的に育むかを考えた時，教科学習とは異なる活動が必要だと考えた。生徒たちがその特色ある活動に没頭し，自然にかつ意図的にコミュニケーション能力，創造的思考力が育まれることが理想の授業である。決してスキルの向上を目的とした反復練習のような授業ではなく，生徒が夢中になって取り組む学習の文脈の中で，二つの資質・能力が育まれる，そのような学習こそ創造表現活動であるべきと考え，カリキュラム開発を進めた。

　そこで，二つの小領域を設定し，生徒たちが各小領域のねらいに迫ることで，二つの資質・能力が育まれるようにした。それが，"相手意識をもったよりよい表現を追求するプラム"と，"豊かな体験と振り返りから自己の生き方・在り方を問い直す人間道徳"である。

　二つの小領域と，コミュニケーション能力，創造的思考力の関係性は下図に示す通りである。

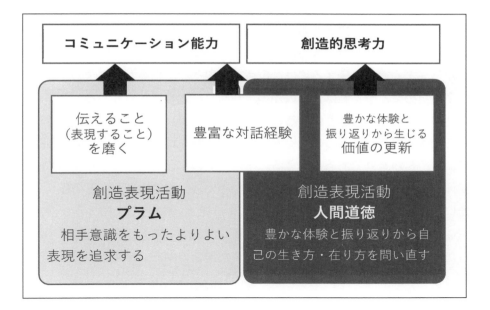

●Column● なぜ "プラム" "人間道徳" なの？ ～名称の由来～

"プラム" の由来
　本校のシンボルでもある「梅」から取り入れました。本校では昔から様々な活動でこの名称が使われており，生徒にとってなじみのある名称です。親しみのある名称を用いて，プラムの活動に誇りをもって取り組んでもらいたいという願いが込められています。

"人間道徳" の由来
　学習を通して人間としてどう生きるべきか，どう在るべきかを常に考えてもらいたいという願いと，本校の過去の研究「人間科」の実践も踏まえて設定しました。
　※人間科…平成３年度～平成５年度
　　　文部省研究開発学校指定研究

4 相手意識をもった よりよい表現を追求する

❶ 目標〜何ができるようになるか〜

〈創造表現活動プラムの目標〉
　創造表現活動プラムでは，これからの社会を生きる上で必要な内容や，各教科と関連した学習内容等を扱い，表現の必然性を備えた学習過程の中で，試行錯誤や成功または失敗経験を繰り返しながら，相手意識をもったよりよい表現ができる生徒の育成をめざす。

　プラムは，表現することに焦点を当てて，個人（またはチーム）が伝えたい内容を相手にわかりやすく適切に伝えることができることをめざす時間として位置づけている。

　相手にわかりやすく適切に伝えるには，伝える対象となる相手が何を求めているのか，自分の想いを伝えるためにどうすればよいのか等，判断しなければならないことが多くある。それゆえ一度の経験だけでできるようになることは大変難しい。相手にわかりやすく適切に伝えることができるようになるには，うまくいかなかった経験を踏まえての修正の繰り返しや試行錯誤を行っていくことが有効であると考える。また，そのような修正の繰り返しや試行錯誤を生徒自身が主体的に行うことができるようになるためには，生徒自身が，その伝える内容を「うまく伝えたい」「もっと相手にわかってもらいたい」という気持ちをもつことが重要である。そこで，生徒がこれからの社会を生きる上で必要な内容や，知的好奇心を揺さぶるような各教科と関連した内容等を扱い，表現の必然性を備えた学習の中で，修正の繰り返しや試行錯誤を行いながら，相手意識をもったよりよい表現を追求していく活動としている。

　プラムは，一人一人が，仲間との協働や対話，他者の視点からの練り直し等を通して，よりよい表現を追求していく活動である。教師の指導や支援に関しても，「どうすれば自分の考えや意見を適切に伝えることができるのか」を中核とした学習指導計画を設定することが重要である。

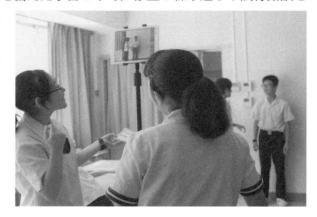

❷ 内容～何を学ぶか～

　プラムは，自分の想いを相手に伝えるために必要なことを学ぶ活動である。自分の想いを相手に伝えるために必要なこととは，「伝える内容の構成」と「伝え方」である。これを本校では「表現の要素」と設定した。相手に伝えるためには，伝えることをどのような内容で構成するかと，どのように伝え方を工夫するかが重要になってくる。そして，自分の想いを相手に伝える手段としては，自らの身体を通じて表現する方法（言葉やジェスチャー等）と，モノを通じて表現する方法（図やイラスト，制作物等）がある。そこで，プラムでは，身体を通じて表現することとモノを通じて表現することを通して，「表現の要素」を学ぶ活動として設定する。

プラムの学習では様々な表現を追求する
～"身体"と"モノ"を通じて自分の想いを表現する～

　自分の想いを相手に伝える手段にはどのようなものがあるでしょうか？
　"口頭で……"，"手紙やメールで……"，"図やイラストで……"，また"SNSで……"など様々です。もしかすると未来社会では，今では想像もつかない表現方法で想いを伝えているかもしれません。

　しかし，どのような手段であっても自分の想いを伝える時に大切なことは『何を伝えたいのか（伝える内容の構成）』と『どのように伝えるか（伝え方の工夫）』ではないでしょうか。

　プラムでは，様々な表現を行っていますが，大きく二つに分けています。それが"身体"と"モノ"です。詳しくは，第2章をご覧ください。

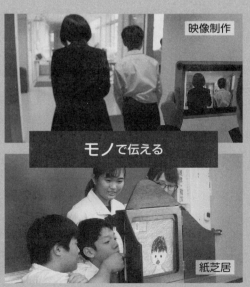

※上記のほかにも様々な表現があります。

❸ 方法〜どのように学ぶか〜

　プラムは，学級集団で学習活動を行うことを基本としている。なぜなら，表現を追求していくには，失敗を含めた様々な表現を受け入れることができる学習集団が必要だからである。また，各単元は11時間で構成されている。

　学習を深めるためには，生徒が課題に対して主体的・協働的に取り組むことと，各単元で設定された表現の要素について自分なりに考え，理解し，獲得することが重要である。そのために，生徒に「もっとよりよく表現したい」と本気で思わせることが欠かせない。なおかつ，追求している表現がよりよくできた先にある面白さや魅力，社会への貢献等を実感させ，生徒にとって必然性のある表現（またはチャレンジしてみたい表現）にすることが大切である。決して自己満足の表現ではなく，相手意識をもったよりよい表現を追求できるように，次の2点を単元構想の要素とし，各単元で特色を出しながら単元計画を構想することとした。

①生徒がめざすゴール「表現課題」の設定

　プラムの学習活動において，生徒は各単元で設定された表現課題を追求する。表現課題は，生徒自らが「表現したい」と思うことができるような課題を設定する。表現課題を設定するにあたり，表現への意欲を高めるために，実生活や実社会において必要と感じる課題を設定したり，人間道徳や各教科における表現とのつながりや，学校外の取組とのつながりをもたせたりする等，各単元の特性に応じて工夫を行う。

　また，学年が上がるにつれて，表現する相手が「学校内の相手」から「学校外の人や社会等」へ広がりが生まれたり，課題設定が「教師が決めたテーマ」から「自分で決めたテーマ」へと自由度をもたせたりする等している。

【生徒が追求する表現課題の例】

2年　附中裁判所 〜感動の昔話法廷〜	3年　人の心を動かす映像制作Ⅱ 〜映像に想いを込める〜
観客が感動し，こだわりをもって判決を下したくなる昔話法廷を創ります。昔話法廷は「NHK for school」で放送されている大ヒット映像です。 　附中裁判所で人々を惹きつける人間ドラマをえがき，香川県弁護士会の方々が審査する昔話法廷コンテストで優勝をめざしましょう。	卒業式前日に，卒業生映像作品上映会を行います。 　テーマは「卒業〜私たちが伝えたいこと〜」です。卒業前に自分たちが伝えたいこと，そして伝えたい相手を考え，それらが視聴者にわかる映像作品を制作してください。映像作品の時間は2〜3分です。 　各クラスの優秀作品については，卒業式当日にもピロティで上映されます。

②試行錯誤する場面を意図的に設定した単元構成

　設定した表現課題に向かって生徒はよりよい表現を追求していくが，その過程において表現の試行錯誤が必然的に生じるようなしかけを行う。つまり，失敗を許容し，練り直す過程を意図的に単元内に位置づける。例えば，伝えたい相手にうまく伝わらない経験や思っている通りに伝えたいという感情が生まれるように，中間発表や他者からの評価場面を単元の節目で意図的に設定する。時には，その表現の専門家による評価や専門的な指導を取り入れ，よりよい表現になるために必要な知識や技能，またはゴールへの道筋を学ぶことができるようにする。また，試行錯誤する場面では，他者との対話（チーム内の対話，評価者との対話，討論等）が生まれるように，全体または個別に教師が支援を行う。

ここに注目

プラムは試行錯誤の場が保障されている

○試行錯誤って何？
　最近よく目にする"試行錯誤"というワード。どういうことでしょうか？
　　試行錯誤とは…
　「新しい状況や問題に当面して解決の見通しが立たない場合，試みと失敗とを反復しながら追求すること。」（広辞苑）

○単元構成の時点で，"試行錯誤"の場を保障している
　下図は，3年「人の心を動かす映像制作Ⅱ」の単元構成です。この単元では二つの試行錯誤の場が保障されています。
　①単元中盤までの作品制作場面
　　→撮影，編集したものをすぐに確認し，修正できるようにしている。
　　　中間上映会で視聴者からの意見を参考に，脚本の修正，撮り直しを行う。
　②中間上映会後の作品修正場面
　　→視聴者からの評価を踏まえ，作品を修正し，練り直すことができるようにしている。

例）3年「人の心を動かす映像制作Ⅱ〜映像に想いを込める〜」

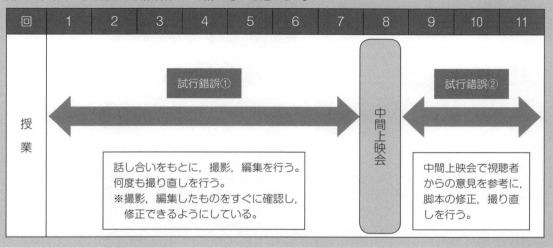

❹ 評価 ～何が身についたか～

創造表現活動プラムの評価は，次の二つの観点で行う。

観　点	主体的・協働的な態度	表現すること
趣　旨	各単元で設定した表現課題やそれに関わる学習活動に対して，どのように取り組んでいるかを見取る。	各単元で設定した表現の要素が身についているかどうかを見取る。
評価規準	表現課題やそれに関わる学習活動に対して，自ら意欲的に取り組み，試行錯誤を繰り返し，他者と協働しながら取り組もうとしている。	自分が伝えたい想いを，身体またはモノを通じて表現することができる。その際，相手に伝わるように伝える内容を構成したり，伝え方を工夫したりすることができる。

　この二つの観点は，よりよい表現の追求を促すための観点であり，創造表現活動で育成を図る資質・能力と関係している。どのように取り組んでいるか（主体的・協働的な態度）を見取る中で，どのような対話を行っているか，どのように合意形成に努めているかを評価することができる。一方，表現の要素が身についているか（表現すること）を見取ることで，コミュニケーション能力を支える「伝えること」が高まっているかを評価することができる。

●Column● "本物"との出合いが表現を変える？～その道のプロから学ぶ～

　表現に関する専門的な知識や技術を学んだり，その分野のプロ（専門家）の表現に触れたりすることで，プラムの学習をより一層深めることができます。本校では，積極的に専門家や地域と連携を図りながら学習活動を行うことができるようにしています。

　しかし，授業を充実させるためには，すべてを専門家に任せるのではなく，その1時間の中で，"教師が担う役割"，"専門家が担う役割"を明確にすることが大切です。例えばある単元では，教師がチームで協力しながら意欲的に取り組めるための支援を行い，専門家が表現に関する指導を行っています。

　これからの教育現場では，学校外の人たちと連携して授業を行う機会が増えるでしょう。ぜひ参考にしてほしいと思います。

瀬戸内アートゲイト（3年）

附中裁判所（2年）

【創造表現活動プラム単元一覧】

学年	単元名	
	自分の想いを身体を通じて表現する	自分の想いをモノを通じて表現する
第1学年	ワークショップデザイン体験 〜校内科学体験フェスティバルに向けて〜	附高中写真コンテスト 〜写真に込められた思い〜
	演劇Ⅰ 〜幕は上がる〜	おすすめ旅行プラン 〜香川の魅力を全国へ〜
第2学年	演劇Ⅱ 〜The challenge of expressing〜	創作紙芝居
	附中裁判所 〜感動の昔話法廷〜	人の心を動かす映像制作Ⅰ 〜映像の可能性〜
第3学年	おもてなし 〜四国88ヶ所霊場を世界遺産に〜	瀬戸内アートゲイト 〜インフォメーションセンターの模型製作〜
	シンポジウム 〜ミライノセイトカイ〜	人の心を動かす映像制作Ⅱ 〜映像に想いを込める〜

【創造表現活動のねらいを実現する単元構想シート】

　本校では，教師全員が創造表現活動のねらい「何ができるようになるか（目標）」，「何を学ぶのか（内容）」，「どのように学ぶのか（方法）」を共有し，授業への具現化を図るために，下のような『単元構想シート』を作成した。単元構想シートを活用することで，指導の充実だけでなく，的確に授業改善を行うことができるようになった。

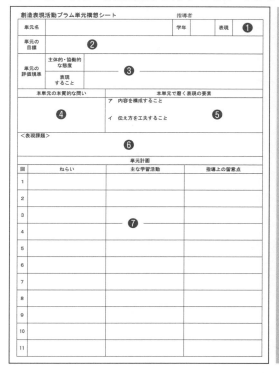

❶表現
　自分の想いを"身体"を通じて表現する単元なのか，"モノ"を通じて表現する単元なのかを示している。

❷単元の目標
　本単元でめざす生徒の姿を示している。

❸単元の評価規準
　プラムの評価の観点に合わせて，評価規準を示している。

❹本単元の本質的な問い
　本単元を通して生徒に考えてもらいたい問い。題材や❺で示す表現の要素と関連している。

❺本単元で磨く表現の要素
　本単元で身につけてほしい内容。❹の本質的な問いを考える上で必要となる要素。

❻表現課題
　本単元で生徒たちが追求していく課題。単元を通して追求する場合と，単元のまとめとして追求する場合がある。

❼単元計画
　11時間をどのようにデザインするかを示している。活動の内容に合わせて大まかに示したり，焦点を当てて示したりしている。

"豊かな体験"と"振り返り"から 自己の生き方・在り方を問い直す

❶ 目標〜何ができるようになるか〜

〈創造表現活動人間道徳の目標〉
　創造表現活動人間道徳では，他者と協働するプロジェクト型の学習を扱い，地域・社会とのつながりを実感できる活動を行う。そして，各授業や単元の節目での振り返りを通して，自己の生き方・在り方を問い直し，価値を更新するとともに，よりよい社会の形成に向けて主体的・協働的に行動できる生徒の育成をめざす。

　人間道徳は，地域・社会とのつながりを実感できる様々な体験と振り返りを通して，自己の生き方・在り方を問い直す時間として位置づけている。

　中学校から高等学校段階の生徒は，「自分の人生をどう生きればよいか，生きることの意味は何か」ということについて思い悩む時期であり，また人間や社会の在るべき姿について考えを深める時期でもある。そこで，よりよい集団や社会を形成する一員として，自分は「どのような考え方をすべきなのか」「どのような行動をすべきなのか」ということを考えられる時間として人間道徳を位置づける。自己の生き方・在り方を問い直すためには，直接的な関わりがない人の存在を知ったり，普段の生活ではなかなかできない経験をしたりすることが重要である。そうすることで，自分を中心として物事を見たり考えたりするのではなく，地域・社会の一員として，自分自身を見つめ直すことができる。

　人間道徳では，チームを形成し，チームの仲間と協働的にプロジェクトを進めていく。また，学校外の人たちとも積極的に関わりながら活動を広げていく。そこには当然対話が求められる。しかも，それらは生徒がこれからの社会をよりよく生きる上で，必要となってくる実践的な対話である。そして，プロジェクトの過程で出合う様々な体験（そこで行われる対話も含む）から，自己を振り返り，自己の生き方・在り方を問い直すことで，価値を更新することができる。また，よりよい集団や社会の形成に向けて，主体的・協働的に行動する態度を養う。

❷ 内容〜何を学ぶのか〜

　人間道徳は，目標に示すとおり，プロジェクト型の学習を通して，自己の生き方・在り方を問い直し，価値の更新をめざす活動である。各プロジェクトのゴールをめざす過程で，自分自身をしっかりと振り返り，今まで気づかなかった価値に気づいたり，ヒト・モノ・コトへの見方や考え方を多面的・多角的に捉え直したりすることができるようになることが，人間道徳の学びの方向性である。つまり，人間道徳の学習内容とは，生徒たち自身で主体的・協働的に進めていくプロジェクトの過程で気づく（出合う）様々な価値そのものである。

　各学年のねらいについては下表に示すとおりである。１年で自分と向き合い，２年で他者との関わりに向き合い，３年で地域・社会と向き合うように設定している。「自分」→「他者」→「地域・社会」と段階的に視野を広げながら自己を問い直し続け，理想の実現に向け努力し，成し遂げることをめざして学習活動を進めていく。

　さらに人間道徳では，各学年のねらいを踏まえ，プロジェクトを通して生徒に考えてもらいたいことを設定する。これを「重点を置く価値」と設定した。重点を置く価値は，各学年団のねらいにつながる内容であるとともに，これからの社会をよりよく生きるために，ぜひとも考えてもらいたい内容として設定している。

【人間道徳の各学年のねらいと重点を置く価値】

学年	ねらい	重点を置く価値
3年	**心をひろげる〜自己実現〜**　様々な経験，多様な人たちとの関わりから，価値を更新し，理想の実現に向けて努力し，成し遂げることができるようになることをねらう。	「個性」「他者理解」「社会参画への自覚」
2年	**心をつなげる〜人間関係形成〜**　価値観の異なる他者（地域や環境等も含む）との関係について理解し，人と人とのつながりや関わり，他者とともに生きることの大切さに触れ，自ら新たな人間関係を構築できるようになることをねらう。	「相互理解」「個性の伸長」「よりよく生きる喜び」
1年	**心をたがやす〜自己探求〜**　自分の行動や考え方を常に問い直しながら，行動につなげることができるようになることをねらう。	「自己理解」「協力」「勤労・地域貢献」

　自分（１年）→他者（２年）→地域・社会（３年）と段階的に視野を広げながら自己を問い直し続け，理想の実現に向け努力し，成し遂げることができるようになることをめざしている。

　「重点を置く価値」は，生徒の実態と教師の願いを踏まえ，基本は学年団で設定する。プロジェクトの過程で出合う様々な体験や振り返りの中で，設定された重点を置く価値について，深く考えていく。これは本校独自のものである。「特別の教科　道徳」の"22の内容項目"とは別のものであり，捉えが異なる。

❸ 方法〜どのように学ぶのか〜

　人間道徳は，学年団全体でプロジェクトの成功に向かって活動を進める。活動の内容に応じて，小チームを編成したり，個人で活動を行ったりすることもあるが，基本的には学年団で活動を展開していく。積極的に学校の外に学びに行き，学校外の人たちと関わったり，普段の学校生活ではなかなか体験することのできない活動に取り組んだりする。

　単元は，1年間を通した70時間の大単元構想である。制作活動やその後の振り返りの時間を確保するため，100分（50分×2）を基本とする。また，校外での活動等でさらに時間が必要な場合も考慮し，各学年団で弾力的に時間をまとめ取りすることができるようにしている。

　人間道徳では，生徒一人一人の価値の更新につなげるために，次に示す三つのことを，単元構想の重要な要素とした。

①自己の問い直し

　自分をじっくりと見つめ直す時間を単元の節目や終末に位置づける。人間道徳は，体験的な活動を行うだけではなく，その活動で自分は「何を感じたのか」「何を考えるべきだったのか」「どのように行動するべきだったのか」等を深く振り返る場面を設定する。

　人間道徳では，プロジェクトの活動内容や生徒の実態を踏まえて，様々な方法で振り返りを行う。自分自身のこれまでの行動を個人で振り返ったり，これまでの活動で気づいたことを集団で語り合ったりする。自分とは異なる考え方や価値観に触れることを，自分自身の生き方・在り方を考えるきっかけとし，生徒一人一人の価値の更新を促している。（※第2章参照）

> **ここに注目**
>
> ### 通称"ランツ"〜学年団全体で振り返り語り合う〜
>
> 　自己を問い直す活動として，様々な活動を行っていますが，その一つとして学年団全体で振り返り，語り合う通称"ランツ"を紹介します。
>
> 　活動を通して自分が率直に感じたこと，どうすべきだったのか，自分たちはこれからどういう集団になりたいかということ等を学年団の中で語り合います。教師はファシリテーターとなり，生徒が自ら考えを述べることができるようにします。集団の中で自分の考えを発言することも大切ですが，集団の中で発言している仲間を見ること，自分と同じ考えまたは異なる考えを聴くこと，そしてその集団の中に自分がいるということに気づくこと等，ランツの時間すべてが自己の生き方・在り方を問い直すきっかけとなります。

"ランツ"は，スイスで中世から行われてきた直接投票の青空会議『ランツ・ゲ・マインデ』の名称を取り入れました

②地域・社会とのつながりを実感する"豊かな体験"

　学校外の他者，社会とのつながりを実感することができる体験的な活動を意図的に（学習の文脈，生徒の課題意識に沿って）取り入れる。学校外の他者との対話や体験することで得られる様々な実感を通して，実社会の様子や多様な生き方・在り方を感じ取ることができるようにする。人間道徳では，これらの"豊かな体験"そのものが教材となり，自己の生き方・在り方を問い直すきっかけにもなるのである。

ここに 注目　人間道徳で出合う"豊かな体験"

　人間道徳で生徒たちは様々な体験的な活動を行います。どれも，日常生活ではなかなか体験することのできない貴重なものです。さらに，どの体験も自分と社会をつなぐものです。一つ一つの体験そのものに価値があります。自分自身を深く振り返るためには，どのような体験をしたかが大切であり，さらにはその体験が"豊かな"ものである必要があるのです。
　以下は，人間道徳で出合う"豊かな体験"の一部です。詳細は，第２章をご覧ください。

稲刈り（１年）

食べるラボ展開催（１年）

職場体験活動（２年）

小学生との交流活動（２年）

絆プロジェクト〜街頭での広報活動〜（３年）

「遊び処　附属亭」開催（３年）

③目標の共有・協働～チームでプロジェクトを進める～

　チームでプロジェクトの成功に向かって進んでいくためには，チーム内での目標の共有が必要になる。そこには，個々が考えている理想のゴール像をすり合わせていったり，誰かがリーダーシップを発揮しゴール像を設定したりして，一つの方向性を決めなければならない。方向性が定まると，今度はゴール像に向かって個々の役割をしっかりと果たし，プロジェクトの成功に向かって試行錯誤したり，お互いの意見を出し合ったりしながら進めていかなければならない。これこそが，これからの社会に必要な実践的な対話である。右図で示すように，個々がうまくまとまらないチームから，対話や練り直し，試行錯誤を繰り返すことで，チームは成長していく。そして，その成長の過程で価値が更新され，特に図の第2段階から第3段階へと成長していく時に，態度となって表れる。

チームの成長プロセス（イメージ図）

---

❹ 評価～何が身についたか～

　創造表現活動人間道徳の評価は，次の二つの観点で行う。

観　点	主体的・協働的な態度	新たな価値への気づき
趣　旨	各単元で行うプロジェクトや単元の節目等で行う自己の振り返りに対して，どのように取り組んでいるかを見取る。	学習活動を通してどのような気づきがあったかを見取る。
評価規準	プロジェクトの成功に向けた活動や自己の振り返り活動等を，自分事として捉え，自ら意欲的に取り組んだり，他者と協働して活動に取り組んだりしようとしている。	自他との関わりから，新たな価値に気づいたり，これまでの自己の考えを多面的・多角的に捉えたりして，自己の生き方・在り方を見つめ直すことができる。

　人間道徳では，様々な活動に対してどのように取り組んでいるか（主体的・協働的な態度）を見取ることで，プロジェクトの成功に向けて活動を進めながら，多様な他者とどのような対話を行っているか，どのように合意形成に努めているかを間接的に評価することができる。一方，人間道徳の活動を通してどのような気づきがあったか（新たな価値への気づき）を見取ることで，創造的思考力の育成につながっているかどうかを評価することができる。

●Column● 人間道徳は「特別の教科 道徳」を超えるのか!?

創造表現活動は，総合的な学習の時間，特別の教科 道徳，教科の一部を削減して，設立されています。
本校がカリキュラム開発に取り組み始めた頃，同時に道徳の"教科化"が決まりました。
「特別の教科 道徳を"超える"ものを創ろう！」私たちのカリキュラム開発の合言葉となりました。
下の表は，私たちが考えた特別の教科 道徳のよさと課題です。

よ　さ	課　題
○1　実社会・実生活における道徳的な価値（22の内容項目）を体系的に学ぶことが保障されている。	▲1　やや間接的な学習になる傾向があり，生徒にとって切実な必要感が生まれにくく，実践化が難しいことがある。
○2　教科等の学習では気づかなかった価値や日常生活の中で気づかなかった価値を取り扱うことで，新しい気づきが生まれ，その自覚を図ることができる。	▲2　1単位時間の設定が多く，実生活に生かしていこうとする意欲を高めるような指導の在り方が重要になる。 ▲3　生徒の現状や変化，出来事等に合わせて，（効果を期待できると判断しても）即座に，指導内容を変更することに難しさがある。
○3　多様な場面を想定して価値を扱うため，日常生活の幅広い場面で，その考え方を援用することができる。	▲4　総合的な学習の時間や特別活動等と関連づけて学習する内容項目を設定することがあるが，実際にはつながらないことが多い。

人間道徳は，上に示している課題をすべて解決することができる活動になっています。
では，"よさ"は残っているでしょうか。
残念ながら○1で示している22の内容項目を体系的に学ぶことは保障されていません。しかし，本校では，各学年で考えるべきこと（人間道徳の『重点を置く価値』）を三つ設定しています。生徒たちは，この三つが大きな幹となり，そこから枝葉として様々なことに気づき考えています。下はある生徒の3年生の1年間の気づきをまとめたものの一部です。

3年　絆プロジェクト～自分，相手，そして社会を楽しくするために～

Start　　　　　　　　　　　　　　　　　　　　　　　　　　　　　Finish

他人と比べたり，短所しか見なかったり，自分の嫌な部分を受け止められるようになった。

今は成長して，自分の意見をもった上で，違う意見の人と話し合い，その意見に耳をかそうと思える。

意見のすり合わせや考えを伝えることが大事。
意見が合わないことも相手の言い分をよく聞いて話し合いたい。他のチームとの助け合いが大切だと思った。

風船はすぐに割れて子どもがおびえていたので工夫が必要だ。タコ糸とかで結んであげたら持ちやすくていいのかなと思う。

人との関わりを大切にしていくことが成長の鍵になりうると思う。私は今，生きている上での仲間，友達，家族，社会の構成要素一つ一つと向き合いたい。

「克己と強い意志」　　　「向上心」　　「個性の伸長」「信頼」　　　「社会参画」
「相互理解，寛容」　　　　　　　「感謝」　　「希望と勇気」　　　「相互理解」
　　「集団生活の充実」　　　　「思いやり」　「克己と強い意志」　「郷土を愛する態度」

生徒Aのワークシート記述より

上記は一部ですが，このようにして3年間の学びをまとめてみると，特別の教科 道徳の内容項目は自然と関わり合ったものになっていました。しかし，すべてを体系的にバランスよくという点は不十分な部分かもしれません。人間道徳の大単元構想の中でそれらを意識し，資料等を活用して学びを保障できれば，新しい道徳教育の形を創ることができるのではないかと感じています。

6 教科の本質に迫る 附属高松中学校の教科学習

❶ なぜ今，教科の本質なのか

　創造表現活動設立・実施と同時に私たちに突きつけられた課題は，「教科学習はどう在るべきか」ということである。コミュニケーション能力，創造的思考力を創造表現活動で育成することによって，教科学習が担う役割はシンプルになったはずである。そうした中で，その役割とは何か，その役割を果たすためには何が必要なのかを改めて考えた。

　本校では，いつの時代も「教育課程で一人の学習者を育てる」という基本的理念のもと研究が進められてきた。過去の研究で新教科を設立したカリキュラムを構想した時も，従来の９教科はなぜ必要なのか，何が求められるのか等，各教科の存在意義を問い直してきた経緯がある。創造表現活動を設立したカリキュラム開発を契機に，脈々と受け継がれてきた本校の教科研究を生かしながら，教科学習はどう在るべきかを追求することとした。

　教科には，いろいろな考え方がある。例えば，柴田（2003）は，「学校で教授される知識・技術等を内容の特質に応じて系統立てて組織化したもの」と規定している。また，田中（2009）は，「教科は学問，技能，及び芸術等の文化遺産を教育目的にしたがって区分し，学習者に理解しやすいように再構成したものをいう」と規定している。このように教科はいろいろな規定のしかたがあるものの，共通していることは，蛯谷（1981）が言うように，「教科は文化の伝承と伝達を通して子どもが新しい文化を創造していくもの」である。つまり，生徒が新しい文化を創造するために各教科で求められるものは何なのか。それこそが，各教科の本質であり，それらを踏まえた上で日々の授業はどうあるべきかを考えなければいけない。

❷ 附属高松中学校の教科学習

　本校は，これからの時代に必要な資質・能力「コミュニケーション能力」「創造的思考力」を育成するための新領域創造表現活動をカリキュラムに位置づけている。本校のカリキュラムでは，創造表現活動で育成するコミュニケーション能力，創造的思考力は教科学習で直接的に育成しないとしている。

　そのため，本校の教科学習は，各教科でこそ育成しなければならない資質・能力を確実に育むことをめざしている。この資質・能力は，これからの時代を生き抜く生徒たちにとって必要なものであり，各教科でしか育成することができないものでもあると考えている。学習指導要

領（平成29年度告示）には育むべき資質・能力として「知識及び技能」,「思考力，判断力，表現力等」,「学びに向かう力，人間性等」の三つの柱で整理されており，さらに各教科でその具体が設定されている。本校のカリキュラムにおいても，教科学習で育むべき資質・能力はそれらの資質・能力であると考えている点は同じである。しかし，コミュニケーション能力や創造的思考力のような汎用的な資質・能力については，まったく切り離して学習指導を行う点では異なる。

❸ 教科の本質とは

　教科の本質という言葉は，「教科の根本的な性質・要素」や「教科の本来の姿」,「教科の中核」等の様々な言葉で言い換えられることがしばしばある。

　本校では，各教科の学習において，文化の伝承と伝達を通して生徒が新しい文化を創造することができるようになるために，絶対に欠くことのできない中核的な要素という視点から，以下のように定義した。

> 教科の本質とは……
> **教科固有の対象に学習者が働きかけた結果，獲得するものあるいはめざすものである**

　つまり，その教科の本質とは何かを示す時に，下のア，イを明確にすることが重要である[1]。
　　ア　その教科固有（その教科ならでは）の学習の対象
　　イ　対象に働きかけた結果，獲得するものあるいはめざすもの

　その教科は，何を獲得する（あるいはめざす）教科なのか。言い換えれば，そこにその教科の存在意義があり，それこそが，生徒が新しい文化を創造するために必要なものである。本来，欠くことのできない重要なことなのだが，時として，行いたい学習方法や各教科等のつながり等を意識するあまり，その根幹の部分が忘れ去られてしまうことがある。つまり，これまで述べた目的と手段が入れ替わった授業に陥ることが起こる。各教科の本質を根幹として，教科学習の在り方を問い直すことにより，学習指導要領（平成29年度告示）に示される目標に迫るための道筋も改めて見えてくると考える。

1　各教科は既存の文化である学問を基底として成立してきた。既存の学問はそれぞれ固有の研究領域と方法を有する。このことから，各教科は対象の認識方法に違いがあることにより成り立つ（角屋・雲財，2015）。このことを踏まえ，各教科は，学習者が働きかける対象と，その結果獲得するものあるいはめざすものとで整理できる。

〈参考文献〉
・柴田義松「教科」今野喜清・新井郁男・児島邦宏編『新版学校教育辞典』教育出版，2003年
・田中統治「教科」辰野千壽編『学習指導用語事典第三版』教育出版，2009年
・蛯谷米司『教科教育学概論』広島大学出版研究会，1981年
・角屋重樹・雲財寛「教科の本質を踏まえた授業づくり－各教科はどのような点において共通しているかー」日本教科教育学会編『今なぜ，教科教育なのか』文溪堂，2015年

【附属高松中学校が考える各教科の本質】

教　　科	ア　教科固有の学習の対象	イ　獲得するもの（あるいはめざすもの）
国語科	○言葉を通じた理解や表現及びそこで用いられる言葉そのもの	○言葉に対する認識の更新と深まり ○豊かな言語生活を送るための言語運用能力
社会科	○社会の諸事象	○社会諸科学に基づいて多学問的・多角的に考察する力 ○探究に必要な社会的事象に関する知識及び技能 ○社会との関わりを見出し，社会の在り方や自身の生き方を考えていく意識
数学科	○数量や図形 ○事象を数量や図形に着目する捉え方	○数量や図形等についての概念や原理・原則 ○事象を数量や図形に着目して捉える力 ○論理的，統合的・発展的に考える力
理科	○自然の事物・現象	○自然の事物・現象についての理論と事実（自然観） ○自然の事物・現象に対して働きかける方法とそれによって獲得する概念
音楽科	○音や音楽が発するメッセージ	○音や音楽を形づくる形式を知覚することによって，音楽の感情的内容を感じ取り，音楽のよさや美しさを味わい，音楽表現を創意工夫する力 ○他者と協働する活動によって得られる新たな音楽的な見方や考え方
美術科	○形や色彩，材料，光等の造形要素	○造形的な視点 ○造形的な技能 ○発想・構想力 ○表現・鑑賞への意欲
保健体育科	○運動・スポーツ ○健康・安全 ○心と体	○運動技能 ○運動・スポーツに関わる（する，みる，支える，知る）ための知識や態度 ○健康を保持増進するための実践力
技術・家庭科	○生活事象 ○技術	○生活や技術についての知識や技能（基礎的な理解） ○生活や社会の中から問題を見出して課題を設定し解決する力 ○生活を工夫し創造しようとする実践的な態度
英語科	○英語における文法・語彙・音声等の言語形式と英語の背景にある文化や歴史	○英語使用の目的・場面・状況に応じた実践的な英語運用能力 ○外国の文化や歴史についての理解

●Column● 創造表現活動は生徒も教師も変える！

○アンケート結果に変化が？

下のグラフは，本校の生徒と市内の公立中学校とのアンケート結果を比較したものです。普段から様々な場面で表現を繰り返し，自分自身を深く見つめ直していることが大きな要因ではないでしょうか。

※全学年調査
  本校…346名
  A中…333名
  B中…468名
  C中…687名

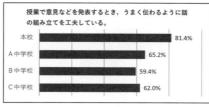

授業で意見などを発表するとき，うまく伝わるように話の組み立てを工夫している。
- 本校 81.4%
- A中学校 65.2%
- B中学校 59.4%
- C中学校 62.0%

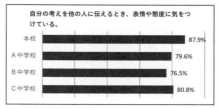

自分の考えを他の人に伝えるとき，表情や態度に気をつけている。
- 本校 87.9%
- A中学校 79.6%
- B中学校 76.5%
- C中学校 80.8%

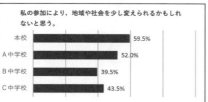

私の参加により，地域や社会を少し変えられるかもしれないと思う。
- 本校 59.5%
- A中学校 52.0%
- B中学校 39.5%
- C中学校 43.5%

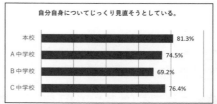

自分自身についてじっくり見直そうとしている。
- 本校 81.3%
- A中学校 74.5%
- B中学校 69.2%
- C中学校 76.4%

○身につけた表現が学校外へ！
（たかまつ政策プランコンテスト2019）

創造表現活動で様々な表現を学び身につけた生徒たちは，学校外の様々な場でその力を発揮しています。しかも，自ら意欲的に参加することがほとんどです。学校外の生徒たちの表現は，会場の人たちを魅了しています。

○創造表現活動は教師を変えた！

創造表現活動を進めていくと，教師の意識も変わりました。魅力的な授業をめざして，何度も話し合い，生徒一人一人を見つめて進めていったことが，教師にもプラスに働きました。

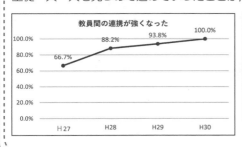

教員間の連携が強くなった
- H27 66.7%
- H28 88.2%
- H29 93.8%
- H30 100.0%

1年目は理解できなかったことが多く，生徒の変化もつかめなかった。しかし，3年生の人間道徳を終え，本当の意味でしんどさや意見の衝突，やりきった達成感を生徒一人一人が感じた。1，2年で生徒の成長を判断してはいけないと思った。

（本校2年目教員）

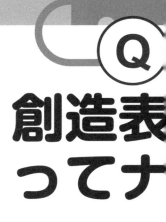

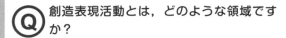創造表

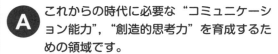ってナ

Q 創造表現活動とは，どのような領域ですか？

A これからの時代に必要な"コミュニケーション能力"，"創造的思考力"を育成するための領域です。
創造表現活動は，『プラム』と『人間道徳』の二つの小領域で構成されています。
→ P.26，30，36

Q "コミュニケーション能力"とは，どのような能力ですか？

A 本校では「他者との対話を円滑に進めて，合意形成する力」と捉えています。
→ P.21

Q "創造的思考力"とは，どのような能力ですか？

A 本校では「自己を見つめ，よりよい社会に向かって価値を更新し続ける力」と捉えています。
→ P.22

Q なぜコミュニケーション能力や創造的思考力を育成する必要があるのですか？

A これからの多文化共生の時代において，自分と異なった考えや思いをもつ人と対話を重ね，共通する部分を見つけ出し，新たな知や価値を創造する人材の育成が求められているためです。
→ P.20

Q プラムとはどのような学習ですか？

A プラムは，11時間の単元構成で，設定されている表現課題を追求し，**相手意識をもったよりよい表現ができるようになること**をめざす学習です。
→ P.30〜35

Q なぜ，プラムという名称なのですか？

A 本校のシンボルでもある「梅」から取り入れました。学習活動と関連はありませんが，生徒にとって馴染みのある名称であることを優先しました。
→ P.29

Q なぜ，プラムは相手意識をもったよりよい表現ができるようになることを目指しているのですか？

A よりよい表現を追求する過程で，表現する相手のことを意識したり，自分の想いを伝えるためにどうすればよいのかを工夫したりすることが，一人一人のコミュニケーション能力につながると考えています。
→ P.27

A

現活動
ンダ？

Q プラムの題材は，どのように決めているのですか？

A 単元の内容（題材）は教師が決めています。基準としては，**生徒がこれからの社会を生きる上で必要な内容や，知的好奇心を揺さぶるような各教科と関連した内容等**を扱っています。加えて，**教師自身が得意なことや関心の高いこと**を扱っています。
→ P.30，32

Q プラムの表現は，なぜ"身体"と"モノ"で分かれているのですか？

A 自分の想いを伝えるためには，大きく分けて「**身体を通じて表現する方法（言葉や動き，ジェスチャーなど）**」と「**モノを通じて表現する方法（図やイラスト，製作物等）**」があると考え，この二つに関わる内容をまんべんなく学習できるようにしています。日常生活の対話でも，「身体」や「モノ」を活用しながら行うことがあるという点でも，関連づけています。→ P.31

Q プラムの１年生から３年生の内容に違いはありますか？

A 学年が上がるにつれ，表現する相手が，学校内の生徒から学校外に広がったり，表現課題のテーマに関する自由度をもたせたりしています。また，前学年までの学習を活用できるようにもしています。→ P.32

Q 人間道徳とは，どのような学習ですか？

A 人間道徳は，学年団全体で行うプロジェクトを進めていきます。プロジェクトを進めていく過程での振り返りを通して，様々なヒト・モノ・コトの新たな価値に気づいたり，多面的・多角的に考えたりし，自己の生き方・在り方を問い直す学習です。
各学年が行うプロジェクトは，積極的に学校外に飛び出し，地域・社会とのつながりを生徒自身が実感できるようにしています。
→ P.36〜41

Q なぜ，人間道徳という名称なのですか？

A 人間としてどう生きるべきか，どう在るべきかを常に考えてもらいたいという願いと，本校の過去の研究「**人間科（文部科学省研究開発）**」の名称と実践を踏まえて，設定しました。→ P.29

Q 「価値」とは何ですか？

A 本校では，「**自分が考えるヒト・モノ・コトの『よさ』**」と捉えています。→ P.22

Q 「価値の更新」とは何ですか？

A 「**自己の価値観をより高次なものに変化させること**」と捉えています。自分事となったり，多面的に見られるようになったり，より強固な考えになったりした変化を広く「価値の更新」と捉えました。→ P.22

Q 「重点を置く価値」とは何ですか？

A 各学年のねらいを踏まえ，**人間道徳の１年間の活動を通して生徒たちに考えてもらいたいこと**です。→ P.37

創造表現活動のよさ

私にとって心を動かすものでも，違う人，違う視点から見ればあまり心が動かされないということが多くありました。プラムでは，自分一人の視点からではなく，常に客観的に物事を捉える力がついたように思います。「誰に」「何を」伝えたいのかを深く考えることで作品がどんどんよくなりました。

生徒

人間道徳を通して，学校外の人たちと実際に関わり，地域には自分が出会ったことのないタイプの人，自分が知らなければならない問題点があるということがわかりました。そのようなことは，普段の生活から気がつかないことがたくさんあることから，もっと地域に関心をもつことが大切だと思いました。

生徒

「もっとよりよく表現したい。」と思わせること，夢中にさせることを大切にしました。そうすることで，チーム内の対話はどんどん活発になっていきました。プラムの授業づくりの考え方は，教科の授業をする時にも役立っています。

教師

人間道徳をしていくことで，これまでよりも生徒たちと向き合うことができるようになったと思います。これまでは，ワークシートに書かせて終わりだったのが，書いている内容の本意をもっと聞いてみたいと思うようになりました。

教師

みなさんの声集めました

保護者

机上だけでなく，実際の人間関係の中で，（小さな集団だけでなく）大きな集団としてより多くの体験をすることは，人間として大切だと思います。子どもとの会話で「自分はどう生きるべきかを考えている。」と聞き驚きました。私たち親も考えさせられました。家で創造表現活動の話を子どもから聞くことが多くなりました。

自分の考えを伝えることで，他者と意見交流することができ，周りからいろいろなことが学べるようになり，広い視野をもった人間になれると思います。そのために，自分の考えを表現する練習は必要だと思います。また，地域のことに興味をもつようになり，親子の会話も増えました。

保護者

運営指導委員
の先生

円滑に進めるとなると，スマートに進めることとなりますが，実際は泥臭く粘り強く進める力が身についていると感じました。伝える内容や構成を研究しているからこそ，相手の内面を感じたり，感受性を学んだりしている方が強いのではないかと感じました。

創造表現活動で，社会と触れる機会が保障されており，自己を多角的に見る機会を意図的につくられています。その中で，自分と他者との違いに気づく場が豊富にあります。過去，現在，未来の自分と向き合う場になっているように思います。

運営指導委員
の先生

第2章
創造表現活動の実践

1

相手意識をもった
よりよい表現を追求する
創造表現活動**プラム**

ワークショップデザイン体験
～校内科学体験フェスティバルに向けて～

❶ 目標

科学に関するワークショップのデザインに意欲的に取り組み，その内容をよりよく表現するために工夫し，チームの一員として活動することができる。また，ワークショップの運営では，相手や目標，場面に応じて，わかりやすく表現することができる。

❷ 単元の概要

1回目	オリエンテーション
2・3回目	計画の立案・報告
4・5回目	練習
6・7回目	プレ演習Ⅰ
8・9回目	修正・練習
10回目	プレ演習Ⅱ
11回目	文化祭

❸ 追求する表現課題

文化祭で科学に関するワークショップを運営して体験者をもてなし，科学実験の楽しさを実感してもらう。体験者は，幼児からお年寄りまで年齢層は様々であるが，主に幼児から中学生にターゲットをしぼり，簡単で安価な材料で10分以内に楽しめるワークショップを企画・運営する。

❹ なぜ『ワークショップデザイン体験』なのか

ワークショップは，「創ることで学ぶ活動を主軸とした学習の形式」とされており，教育等の学びの面からも注目されている。その要因の一つとして，「一見学習とは関係ないように見えるワークショップであっても，体験者が有意味な体験をしている時には，高度な思考や新たな発見等，学習の観点から支援できる過程が多く含まれている」（山内他，2013）という点である。今後，知識基盤社会を生きていく生徒にとって，ワークショップのような創造的活動に取り組むことは，将来必要になるであろう資質・能力の育成につながると考えられる。

ワークショップをデザインするためには，ワークショップのコンセプトを自覚し，チームで共有・協働することが大切である。生徒がチーム内やチーム間で対話と修正を繰り返し，体験者のことを考えた準備や臨機応変に対応する経験を重ねることは，様々な考え方や表現方法を身につけることにつながる。そのため，体験的な学習活動を基盤にしながら，よりよい表現を追求することは，これからの社会を生きていく生徒にとって大変重要である。

❺ 実践を終えて

①自分が「面白い」と感じたからこそ，相手に伝えたい！

　本単元では，文化祭で校内科学体験フェスティバルを催し，表現する場として設定した。文化祭で催すためには，いろいろと制限をもたせる必要がある。そのため，対象者（幼児～中学生）や時間（10分以内），費用（1000円以内）等の制限をもたせることとした。その一方，ワークショップの内容や活動方法，場所等には，自由度をもたせ，生徒自身が面白いと思ったことを追求させることとした。その結果，チーム内で活発な意見交換が行われ，様々な場面で試行錯誤する姿が見られた。また，練習を何度も行ううちに，科学の楽しさや魅力を体感し，それをいろいろな人に伝えたいという気持ちが強まっていった。中には，一度決めたテーマを面白くないと感じ，変更するチームもあった。実施後のアンケート結果では，すべての生徒が「この授業は楽しかった」と回答した。やはり，生徒自身が「面白い」と感じることこそが，一番であると改めて感じた。

科学実験している生徒

②様々な人（友達，先輩，幼児）へ表現する場

　全11時間の単元構成の中，本単元では，ワークショップを運営する機会を計３回設けた。対象者は，プレ演習Ⅰ：同学年（友達），プレ演習Ⅱ：異学年（先輩），本番：一般客（幼児～大人）である。また，それぞれのプレ演習の間に，ワークショップの内容や表現方法等を見直したり，修正したりする時間を設定した。その結果，回数を重ねるごとに企画や運営方法等がより精錬され，体験者に科学の楽しさが伝わり，高評価を受ける場面が増えた（右表）。また，対象とする人を身近な人から段階をもって広げていくことで，生徒の表現の幅もより広がったと感じられる。

	プレ演習Ⅰ（N＝103）		プレ演習Ⅱ（N＝116）	
	よい点	問題点	よい点	問題点
企画について	120	123	164	49
準備について	20	72	33	131
運営について	164	120	184	99
合計	304	315	381	279

プレ演習体験者が感じたよい点・
問題点の数（複数回答可）

科学体験ワークショップの例

授業者からの
こぼれ話

❶ろ紙に水性ペンで円を描くように点を打ちます（図１）。
❷ろ紙をたたんで折り目をつけ（図２），円の中心を水につけます（図３）。このとき，水性ペンで描いた点が水に触れないように注意しましょう。
❸しばらくすると，色が移動し始め，分かれて，花みたいな模様ができます（図４）。
❹最後にドライヤーやアイロンを使って，ろ紙を乾かしたら完成です。
❺ラミネートするとコースターやしおり，キーホルダー等にできます（図５）。

図１　　図２　　図３　　図４　　図５ しおり

❻ 単元の流れと実践のポイント

回	生徒の活動と教師のしかけ

1 **オリエンテーション**

　ワークショップデザイン体験の目標（文化祭に参加したお客さんを笑顔にする）や目的を確認した。また，「ブーブー笛」のワークショップを体験した。

2
・
3 **計画の立案・報告**

校内科学体験フェスティバルで行う企画を立案し，教師へプレゼンを行った。

> **チームについて**
> 　マルチプル・インテリジェンス理論（ＭＩ）を参考にアンケートを行い，４人班を編成した。その班でのそれぞれの役割は，
> 　○班長
> 　○物品準備
> 　○資料作成，記録
> 　○実験の原理，法則説明

> **指導のポイント**　**２人の教師にプレゼン**
> ○理科が得意な教師に対して，そのワークショップの手順と準備物についてプレゼンする。
> ○理科が苦手な教師に対して，そのワークショップの面白さや魅力についてプレゼンする。

> 自分の意見や考えを相手に伝えようと，いろいろ工夫して伝えたのですが全く相手に伝わりませんでした。相手に自分の意見や考えを伝えることは難しいことだとわかりました。今度は，相手のことを考えて伝えてみようと思います。

伝える難しさを実感した生徒のワークシート記述（第３回）

4
・
5 **練習**

　ワークショップを運営するための準備や計画，練習をした。写真を用いて説明書や看板を作成するとともに，安全な実験方法やわかりやすい説明等をチーム内やチーム間で話し合い，考えた。

> **ワークショップのタイトル**
> ○ムラサキキャベツで変わる！色
> ○よく弾む！スーパーボールづくり
> ○水中にきれいなシャボン玉をつくろう
> ○立体視と不思議な立体
> ○ペットボトル金魚鉢
> ○色の分離〜しおり作り〜　　　　等

6
・
7 **プレ演習Ⅰ**

　同学年（友達）の生徒に科学体験ワークショップを運営するとともに，他学級の科学体験ワークショップにお客さんとして参加し，体験した。

プレ演習Ⅰの様子（第６回）

> **体験者からのよい点（○）・改善点（▲）のコメント**
> 【企画・準備】
> ○スライム空気砲は，二つの体験を一度に行え，達成感を味わえる。
> ▲ペットボトルを切る時に硬くて大変であった。
> 【運営】
> ▲説明が早すぎて，わからなかった。
> ▲役割分担を決めて行った方がよい。

8・9　修正・練習

プレ演習Ⅰでの反省やお客さんからのアドバイスを参考にワークショップの修正を行った。そこで，自分の表現したいことだけではなく，相手にきちんと伝わっているのかということを考え，相手意識をもって表現することが大切であることを意識させた。

新たな視点に気づいた生徒のワークシート記述（第8回）

10　プレ演習Ⅱ

異学年（先輩）の生徒に科学体験ワークショップを運営した。

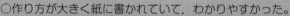

体験者からのよい点（○）・改善点（▲）のコメント

【企画・準備】
○手軽にできる実験内容で，さらに楽しかった。
○着席すると，すぐに作り始めることができ，準備がしっかりされている。
○きれいなコースターが作れて，達成感を味わえる。
▲粉がこぼれてしまうので，汚れない工夫が欲しい。

【運営】
○作り方が大きく紙に書かれていて，わかりやすかった。
○結果に至るまでの理由が明確で，わかりやすかった。
○お客さんがたくさん来ても，みんなが臨機応変に対応できていた。
▲もう少しお客さんの反応や様子を見て，伝えることができれば，わかりやすくなると思う。

3年生に運営する様子

11　文化祭

9月の文化祭で校内科学体験フェスティバルを開催した。お客さん（幼児〜大人）がたくさん参加し，今までの練習の成果を発揮することができた。多くの生徒が達成感を味わうことができた。

文化祭での様子

単元全体を通しての振り返りの記述

〈参考文献〉
・山内祐平，森玲奈，安斎勇樹『ワークショップデザイン論―創ることで学ぶ―』慶應義塾大学出版会，2013

演劇 I
〜幕は上がる〜

❶ 目標

　演劇創作をしていく中で，自分とは異なった価値観があることに気づき，他者の価値観と自分の価値観とをうまく擦り合わせて表現について工夫することができる。

❷ 単元の概要

1回目	オリエンテーション
2〜6回目	演劇ワークショップ
7〜10回目	表現課題に向かう演劇創作
11回目	1・2年合同発表会

❸ 追求する表現課題

　「転校生」というテーマで演劇を創作する。表現したい内容をチームごとに考え，観客に伝わるように演劇を創作する。5〜6人のチームでメンバー全員を出演者とし，今まで学習してきた内容を踏まえながら一貫性のある3分以内の作品にする。各クラス2チームの優秀作品については，1・2年合同発表会で発表してもらう。

❹ なぜ『演劇 I』なのか

　演劇には大きく分けて，劇作家と俳優の2種類の役割がある。これら二つの役割を分担しがちであるが，どちらの役割も全員で行っていく。これは，表現について，話の構成と表情や間等のノンバーバルコミュニケーションの両面で考えさせるためである。

　なぜ，演劇を劇作家と俳優の2種類の役割で行うことで表現力が高まるか。それは，演劇の創作経験のある生徒はほとんどいないため，演劇創作については素人であるので，思ったことを述べやすく表現について自分なりの考えをもちやすい。また，演劇創作の過程には，対話が必要不可欠である。演劇には明確な答えが存在しないため，対話を通して多様な考えを，一つの意見に擦り合わせる必要がある。そして，演劇は架空の人物となり表現していく。架空の人物という他者として発言することで，異なった価値観を有する他者や異文化に触れ合う疑似体験ができ，表現について考えていく。一方で，創作したものが必ずしも観ている人に的確に伝わるとは限らない。うまく伝わらない経験が，相手を意識し，表現の方法や内容を試行錯誤し，修正を行う原動力となる。自分の意見を述べつつ，異なった価値観を有するチームメイト，観客を意識しながら表現について考えることを繰り返すことこそ表現力を高めるためには必要である。

❺ 実践を終えて

①多様な価値観との遭遇で広がる表現の場

　中学校段階では特に普段自分と価値観が似ている人と行動をともにしがちである。そのため，「伝える」ための工夫を特に行わなくても内容が伝わった気になり，万人に伝わるためにはどうすればよいのかと表現を工夫することを意識しなくなっていく。そこで，この単元では，1〜7回目までチームを無作為に編成した。価値観の異なる級友と万人に伝わるような表現の工夫について考え，意見の擦り合わせを行っていった。回数を重ねるごとにより複雑な設定を入れたり，課題に対する話し合いの時間を多く組み込んでいったりした。価値観の異なる級友や万人に伝わるためにはどのように表現を工夫していけばよいのかを考えられるようにしかけていったことで，自分自身が今までそれほど重要視していなかった表現方法の重要性に気づくことができ，生徒自身にとって有意義なものになったことが話し合いの様子や感想からわかった。

> ・毎回チームを変えて行うことで，信頼関係や意思の伝え方という面でも色々なことを試せたように思う。
> ・チームでいいアイデアを出し合ったり，話し合ったりすることで短時間で，いい演劇を作ることができた。
> ・あまり人と関わることが得意ではなかったけれど，違う価値観をもった級友との関わり方を学習し，少しは改善されたように感じる。
> ・言葉だけで伝わると思っていたが，話し合いをしていると表情や間の取り方も重要だと感じた。次の演劇ではそこにも注意していきたい。

生徒の振り返りワークシートより

②設定と振り返りの時間こそ勝負！

　生徒全員に想像させ，意見を出しやすくするためには，生徒自身が経験したことのあるような身近な内容の演劇を創作することが大切である。しかし，場面や人物の情報を自然な会話の台詞だけで観客に伝えるのは困難である。そこで，あえて演劇の中に場面や登場人物についての情報に乏しい存在の人物を登場させる。そして，その人物との会話を通して，状況を説明していく場面を意図的に作り出していく。そういった工夫を6回までの授業で繰り返すことで，どういった視点に気をつけて演劇創作をしていけばよいのかを生徒に気づかせていった。また，毎回授業の最後には振り返りの時間を設けた。生徒の感想や教師の見取りを伝えることで，台詞の言い回しや構成，表情等の様々な視点に気をつけて演劇を創作させることができた。

授業者からの
こぼれ話

　クラス内には表現することが苦手な生徒が一定数おり，全員を出演者としているために，なかなか話し合いがうまく進まない場面が見られました。
　「あまり喋らないという設定の役」等をまずは行い，表現することに徐々に慣れさせ，発表の場面で他者から受け入れられる経験が必要になってきます。
　教師側の姿勢としては，「なぜ○○しないのか」ではなく「どんなことならできるか」という我慢が必要であり，生徒に無理強いさせないことが大切でした。

❻ 単元の流れと実践のポイント

回	生徒の活動と教師のしかけ

1　オリエンテーション

　表現課題と11時間の授業の大まかな流れを知り，現代口語演劇を行っていくことを全体で共有した。また，言葉の指示だけで絵を描くワークショップを行うことで「言葉」に焦点を当て，一つの言葉からの伝わり方が人によって異なることを学んだ。

2
〜　演劇ワークショップ
6
　チーム全員（5〜6人）が役者という条件をもとにし，2〜6回目まで加える条件や使用しなければならないキーワード（必ずその劇の中に入れなければならない言葉）を変えながら演劇を創作・発表させた。2回目の授業では，言葉を一切用いず，ノンバーバルコミュニケーションに焦点を当てた。

【加えた条件と使用しなければならないキーワード】

回	加えた条件	キーワード
2	無声演劇	無声演劇のため，キーワードなし
3	設定場面「空港」	あれ？さっきのクワガタどこいった
4	伝えたいメッセージ（四字熟語）例「一喜一憂」	さくらの気持ち考えたことあるのかよ
5	設定場面「誕生日会」とキャラクター	たくさん覚えても無駄じゃない？
6	設定場面「病院の待合室」と初めと終わりの台詞	柔らかくて，いい香りだけれど，ちっとも嬉しくないんだよね

指導のポイント

　教師は，生徒の表現したいことを表現できるように創作段階では見守るように心掛け，気づいたことは振り返りの時間に助言した。創作時間を決め，創作途中でも必ず全体の前で発表させる機会を設けた。また，多様な価値観に出合わせるために毎回メンバーを変えて行った。

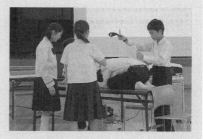

第3回の発表の様子

○伝わったように感じたが，仲間うちだからかもしれない。誰にでも伝わるような表現をめざしていきたい。
○次に何が起こるのかわかっているので，それを意識しながら演技をしてしまった。次はそういった部分にも気をつけたい。

生徒のワークシート記述の一部

7 　**表現課題に向かう演劇創作**

　「転校生」という演劇のテキストを用意した。テキストを用いることで、登場人物や台詞等を考える時間を短縮させ、もう一度表情やジェスチャー等のノンバーバルコミュニケーションについて焦点を当てさせた。

8 　　７回目と同じメンバーがチームとなり、テキストの一部分を自由に変更してよいことを伝え、各班オリジナルの演劇を創作させた。二つのチームをペアチームとし、それぞれの演劇をタブレット端末を用いて撮影し、観客からの観え方を確認することで、自分たちの表現についての修正点を見出しやすくした。

自分たちの表現を観ている様子

9 　　前回撮影した映像を振り返ることで、伝わりにくかったところや突飛な流れになっているところについてチーム内で再度確認し、修正を行っていった。また、ペアチームとわかりにくかったところの意見をお互いに出し合い、その点について重点的に修正した。

10 　　各クラスで予選会を行い、優秀作品を創りあげた２チームを選んだ。

11 　**１・２年合同発表会**

　　２学年合同の発表会を行った。他クラスや先輩の発表を観て、自分たちとは異なる表現を発見することで、表現の多様性について考える機会を設けた。演劇には「伝えたいメッセージ」も必要であることに改めて気づき、自分たちの表現について考える姿があった。

発表会の様子

○他のクラスの発表では、普段の級友とイメージが全くかけ離れた演劇を行っていた。来年あるならば、いつもの自分のキャラクターではなく、演劇だからこそできる自分または友達の新たなキャラクターを演劇に組み込みたい。

生徒のワークシート記述の一部

▶ ▶ ▶ ▶ ▶ ▶ ▶ ▶ ▶ ▶ ▶ ▶ **モノ**で伝える

● 創造表現活動プラム ●

附高中写真コンテスト
〜写真に込められた思い〜

❶ 目標

　写真撮影活動に主体的に参加し，情報モラルを意識したよりよい写真となるようにチーム内で自分の意見を主張したり，伝えたい思いが多くの人に伝わるように写真撮影を工夫したりすることができる。

❷ 単元の概要

1回目	オリエンテーション
2回目	肖像権などの学習
3〜5回目	テーマ「しあわせ」計画・撮影
6・7回目	テーマ「夏」計画・撮影
8・9回目	修正案検討
10回目	撮影・作品完成
11回目	クラス内発表会

❸ 追求する表現課題

　9月にある文化祭で「附高中写真コンテスト」が開催される。テーマに沿って自分たちが伝えたい思いを決め，その思いが込められた写真を撮影する。情報モラルを意識するとともに伝えたい思いを多くの人に伝えることができるように工夫をした作品にする。

❹ なぜ『写真コンテスト』なのか

　いつでもどこでも簡単に写真を撮影することが可能な世の中となり，街中を歩くと様々な場所で写真を撮る人が見られる。そして，撮った写真を SNS などで公開をしている人も多く存在している。しかし，それらの写真は，「いいな」と思った瞬間に撮影をしているものもあり，中には情報モラルへの意識が低いものも存在している。これらは，中学生にも起こりうることである。そこで，本単元では，コンテストを実施するように

写真コンテストの様子

設定し，写真を撮ることの面白さを生徒に実感させるとともに，写真を見る人のことを意識させることにつなげることをめざす。また，自分とは異なる考えに触れることができるように4人班とし，話し合う必要性をもたせる。4人でアイデアを出し合いながら，自分たちが納得のできる作品に仕上げていく過程も，本単元において重視している部分である。

❺ 実践を終えて

①チームで撮影を行うからアイデアが広がる

　本単元では，４人１チームとして撮影活動を行うこととした。写真を撮る技能を高めることが目的であれば，カメラを使って１人で没頭する時間が重要となる。しかし，本単元は技能を高めることが目的ではなく，自分たちが伝えたいメッセージを１枚の写真に表現することが目的である。自分のアイデアだけに固執してしまったのでは，そのアイデアが本当に適切だった

のかは判断できない。他者に伝えることで，初めて自分のアイデアの評価が生まれる。そこで，４人１チームに１台のタブレット端末を配布することとした。そうすることで，他者と対話をする必要性をもたせるとともに，撮影した写真を大きな画面ですぐに確認できるようにした。その結果，チームの中で意見の対立も起きたが，自然と撮影した写真をその場で確認して意見を出し合う光景が見られた。

写真を確認し次の撮影を相談する生徒

②全員が審査員だからアイデアが深まる

　生徒全員がコンテストに出展する人であると同時にコンテストを見る人である。全員が共通

のテーマのもと，同じ立場になれるからこそ，意見を出し合うことができる。お互いの作品を見合って，メッセージが伝わったかを検討する活動を設け，アドバイスをし合う活動を設定したことで，経験したからこそ感じる工夫点を伝えたり，他チームの作品から自分たちの作品のヒントを見つけたりすることにつながった。その結果，伝えることの難しさを実感すると同時に，次にやってみたい気づきが生まれ，生徒の活動意欲の向上にもつなげることができた。

作品の修正案を考える生徒たち

授業者からの こぼれ話

　テーマを何に設定するかが一番の悩みどころでした。

　誰もが同じようなものを連想してしまうようなテーマにすると，同じような作品がたくさんできてしまいます。しかし，抽象度を上げると，今度はメッセージが多様化してしまって，他のチームにアドバイスができなくなってしまいます。

　生徒が撮ってみたいと思えるようなテーマを，生徒と一緒に考えることが，本単元を実践する上での一番のポイントなのかもしれません。

Professional's Voice

ラニグジェレミーさん
英語講師

香川県の航空写真集
（自費出版）

伝える力をもったオリジナリティのあるものにするには，写真をただ「撮る」だけではなく，写真を「創る」ことを意識して撮影することがおすすめですよ！

❻ 単元の流れと実践のポイント

回	生徒の活動と教師のしかけ
1	**オリエンテーション** 　校内で「いいな」と思える写真を撮影し，その写真と実際に行われているコンテストの写真を比較した。その比較を通して，コンテストに出展する作品を撮影する時に大切にしなければならないこと(写真に思いやメッセージ等を込める)について考えた。
2	**肖像権などの学習** 　前時の写真から本人の許可なく映り込んでいる写真を教師が数枚用意し，その写真の問題点について話し合い，これからの活動で気をつけるべきことについて考えた。

3 ～ 5　**テーマ「しあわせ」計画・撮影**

　コンテストの練習として，テーマ「しあわせ」のもと，伝えたいメッセージとそれをうまく伝えられる構図を考え，撮影を行った。その後，撮影した写真を他のチームと見せ合い，メッセージが適切に伝わったのかを検証し，お互いにアドバイスをし合った。

各チームに用意する物
○タブレット端末1台
○構図構想シート

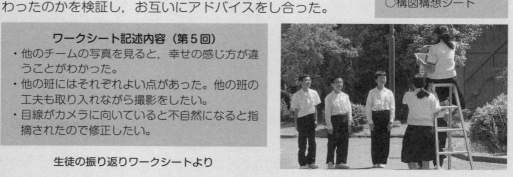

ワークシート記述内容（第5回）
・他のチームの写真を見ると，幸せの感じ方が違うことがわかった。
・他の班にはそれぞれよい点があった。他の班の工夫も取り入れながら撮影をしたい。
・目線がカメラに向いていると不自然になると指摘されたので修正したい。

生徒の振り返りワークシートより

撮影の様子

6 ・ 7　**テーマ「夏」計画・撮影**

　コンテストのテーマ「夏」のもと，1回目の計画・撮影活動を行った。

指導のポイント
　様々なアイデアが浮かぶように，「夏」から連想されるワードを自由に発言させ，発想が広がるようにした。

構図を考える生徒

8・9　修正案検討

　専門家からコンテストに出展する写真を撮る時のポイントを教えてもらった。

　他の班とも交流を行い、新たな視点のもとで、写真の構図の練り直しを行った。

専門家からのアドバイス
- 被写体の大きさ
- 光と影
- 色の使い方
- 新しいことを考えよう
- １枚の写真のために、たくさん写真を撮ろう
- 自分でしか撮れない写真を創れ

指導のポイント

　生徒は、写真を撮ることが楽しくて集中してしまい、本来の目的を見失ってしまいがちである。伝えたかったのは何だったのかを交流を通して確認したい。

ワークシート記述内容（第８回）
- 被写体を大きくしたらいいということがわかった。
- 土などの地味なものを大きく写すと、そっちに目がいってしまうのでよくない。
- 背景や服などにも関係があることがわかった。制服だと学校というイメージが強く、「夏」のテーマに反しているので、次は私服で撮ってみたい。
- 自分にしか撮れない写真を撮りたい。

生徒の振り返りワークシートより

10　撮影・作品完成

　写真にタイトルをつけ、コンセプト（メッセージをどのように表現した）と合わせて作品を完成させた。

生徒作品（左：修正前、右：アドバイスをもとに修正後）

11　クラス内発表会

　クラス内で発表をし合い、お互いの工夫点やよかった点を共有した。

言葉で直接伝えなくても、気持ちを伝えることができることを学びました。言葉が通じなくても、何かかわりになるもので表現することができます。相手の気持ちや意見なども考えながら、しっかり自己表現することができました。そんな便利な写真でも、モラルなどをちゃんと考えないと、大変なことになります。ルールを守りながら、これからもいろんな場面で写真を使っていきたいです。

単元最終ワークシート（本単元全体を通しての感想）

▶ ▶ ▶ ▶ ▶ ▶ ▶ ▶ ▶ ▶ ▶ ▶ **モノ**で伝える

● 創造表現活動プラン ●

おすすめ旅行プラン
～香川の魅力を全国へ～

❶ 目標

　香川県のおすすめ旅行プランを作成することを通して，郷土の文化，伝統工芸，特産物などを再認識し，自分にとっての郷土である香川県をより深く理解し，香川県の魅力をわかりやすく表現することができる。

❷ 単元の概要

1回目	オリエンテーション
2回目	香川の観光について考える
3・4回目	旅行者のニーズの把握
5・6回目	旅行プラン検討会＆修正Ⅰ
7～10回目	旅行プラン検討会＆修正Ⅱ
11回目	旅行プラン審査会

❸ 追求する表現課題

　県外の人が気軽に香川県を訪れることができるように，「おすすめ旅行プラン」をグループで作成する。香川県の魅力が伝わるように旅行プランを考える。旅行のテーマとターゲットを明確にする。また，移動手段や移動時間もしっかり考えプランを練る。

❹ なぜ『旅行プラン作り』なのか

　近年，香川県は地元出身の俳優を起用してのPR動画の制作，瀬戸内国際芸術祭の開催等，様々な分野で注目を集めようとしている。しかし，県外の人にとっての香川県は「讃岐うどん」のイメージが強く，それ以外の特産物や有名な物が思いつかないのではないかと予想される。そのような現状の中で，我々香川県民は地元の魅力をどれだけ理解できているのだろうか。地元のよさを一問一答でなら答えられても，香川県をよく知らない人に対して，どれだけわかりやすい説明ができるのだろうか。そこで，旅行プラン作りを通して地元香川県の魅力を伝える活動を行う。香川県すべてをPRできなくても自分たちがよく知っている地元の魅力を旅行プランに盛り込んで表現させたい。身の回りに存在するものだからこそ視点を変えて，そのよさや魅力を発掘しなければならない。そして，郷土の魅力を旅行プランの価値として表現することで，地元香川を深く理解することにもつながる。自分が住んでいる場所であるからこそ，その魅力を語れる大人に成長してもらいたい。

❺ 実践を終えて

①検討会を二度行うことで何度も練り直される旅行プラン

　自分たちの旅行プランを他グループに紹介して客観的な意見をもらう検討会を二度実施することで試行錯誤の場面を確保した。検討会では，他グループの前で旅行プランを説明するが，聞き手にうまく伝わらなかったり，質疑応答の際に情報不足が明らかになったりと，多くの生徒は相手に正しく情報を伝えることの難しさを体感していた。しかし，他グループの説明を聞く側になって疑問点や改善点を考えていると，立場が変わり旅行者目線に立った意見をもつことができた。

旅行プランを説明している生徒

また，修正時間が限られていることで，グループ全員で役割分担をして取り組まなければ修正が完成しないため，一人一人が意欲的に取り組む姿が見られた。

②専門家の助言による視野の広がりと相手意識の高まり

　専門家の話を聞き，観光というものへの見方が変わったと振り返りに記入する生徒が多くいた。自分たちにはなかった視点を専門家から学ぶことで，香川県の魅力をより深く，そして身近なものとして捉えることができたと考えられる。また，香川県の魅力は自分たちがいつも目にしたり，当たり前に経験したりしている中にも隠れていることに気づき，

・話を聞いて，香川県の魅力はすごくたくさんあるなと感じることができました。（第2回）
・自分の班はターゲットをイメージしきれていないので次から固定させて考えたい。（第2回）
・旅行プランを立てる上で必要な情報や心構えを教えてくれた。お客さんのニーズを満たせるプランを立てられるようがんばろうと思う。（第4回）

生徒の振り返り（第2・4回）

香川県を訪れる人が喜んでくれる体験を取り入れた旅行プランにしようと熟考していた。そのため，完成した旅行プランには個別のおすすめ情報が入る等の工夫が各グループで見られた。

授業者からの
こぼれ話

　協働的な活動や試行錯誤の場を体験することで，他者からの助言を改善のための材料として前向きに捉える生徒が増えました。
　紹介する場所に行ったことのない生徒がおすすめ情報を書くと説得力に欠けます。そのため，事前の現地調査が必要であると感じました。
　この旅行プランで県外の人が本当に香川の魅力を感じられるか検証できていないため，県外の方に実際審査してもらえる場を確保できると，より現実味が増すと思います。

Professional's Voice

守安 航さん
旅行会社
株式会社　JTB

地域の特色を活かした行程づくりができていました。県外の方へ香川の魅力を伝えるコース作成を通じて，地元の可能性に気づき発信する貴重な機会になったと思います。

❻ 単元の流れと実践のポイント

回	生徒の活動と教師のしかけ

1

オリエンテーション

　香川県の魅力は何か考えた。事前に選んだテーマ（うどん，小豆島等）を中心に置いたイメージマップを各自で作成し，そこから出てきたアイデアをもとに，グループで一つ旅行プランの大まかな流れを作成した。グループ編成は，様々な意見が出るように男女混合の３〜４人を１グループとした。

2

香川の観光について考える

　香川県観光協会の方の講話を聞き，香川県の観光の現状を知った。その後，各グループのテーマを最終決定し，大まかに決まった旅行プランの流れを全体に説明した。他グループの状況を知り，旅行プラン作成は何度も修正可能であることを確認した。

専門家による説明の様子

3
・
4

旅行者のニーズの把握

　ターゲットを明確にした１日単位の旅行プランを考えた。情報収集のために，旅行雑誌や観光協会作成のリーフレットを準備し，グループごとにタブレット端末を１台貸し出した。

　旅行代理店の方から，旅行業界の現状や旅行客のニーズについて話を聞くことで，生徒は旅行プラン作成の際の新たな視点を得られた。

専門家に相談している様子

5
・
6

旅行プラン検討会＆修正Ⅰ

　クラス内で旅行プラン検討会を行った。質疑応答の時間は限られているため，コメントカードを利用して多くの意見を収集した。他のグループのプランを見ることで，参考になる点や改善点に気づき，自分のグループになかった視点に出合えた。前回の検討会で出た改善点をもとに修正を行った。

> （ 6 ）班さんへ　（　　　）より
>
> 体験が多いのはいいけど時間は本当に間にあうの？
> 食べるものが少し多いかも。

コメントカードの記述

旅行プラン検討会＆修正Ⅱ

　２クラス合同の旅行プラン説明会を行い，出てきた改善点をもとに，再度プランの修正を行った。他クラスの生徒から質問されたり意見をもらったりしたことで，修正の際のグループの話し合いは論点がはっきりしていた。

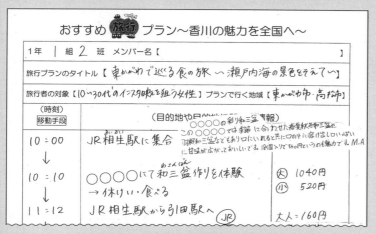

完成した旅行プランの一部

　県外の人が読みにくい地名や特産物等にルビをつけたり，その土地ならではのおすすめ情報を掲載したりして，相手意識をもってよりわかりやすい旅行プランを追求している姿が見られた。

11　旅行プラン審査会

審査基準
○タイトル
○ターゲット
○地域資源の活用
○旅行者が得られる価値
○香川県の魅力が伝わる

　完成した旅行プランの審査会を行った。上記の審査基準をもとに旅行プランを審査した。また，授業最後に単元全体の振り返りを行った。

> このプランを通して，「モノをはさんだむこう側の人への考えが変わりました。ただモノで事実や結果を伝えるのではなく，「見てくれる人に〜な思いを届けたい」や「〜なイメージをもってほしい」などの自分達の思い，考えなどの感情的なものをどう「モノ」にのせて発信するのかということを考えた結果，タイトルを工夫したりなどの相手を引きつけるような部分に思いをこめればよいのではないかと思いました。

> 旅行プランを通して高まったと思う力は，香川の魅力を感じる力だ。僕はあまり家から出ず行くところも決まった所にしか行かなかった。だけど，プランの下書きをしているときに，香川にはいろいろな香川の魅力を感じられる施設がたくさんあることを知り，僕もいつか行ってみたいなと思った。

単元最後のワークシートの記述

演劇Ⅱ
～The challenge of expressing～

❶ 目標

チームメンバーと協働しながら劇を創作する中で，相手に思いを伝えるためには何が大切なのかを考え，表現方法を工夫することができる。また，演劇ワークショップを通して，自分の日頃のコミュニケーションについて振り返ることができる。

❷ 単元の概要

1回目	オリエンテーション
2回目	企画会議
3〜5回目	劇を考えるⅠ
6回目	中間発表会・振り返り
7回目	練り直し・発表会Ⅰ
8〜10回目	劇を考えるⅡ
11回目	発表会Ⅱ

❸ 追求する表現課題

決められたテーマについて，6〜7人のグループで演劇を創作する。そのテーマの中で特に伝えたいことを考え，5分以内の作品を作る。これまでの学習を振り返り，観客に伝わりやすくするため内容や方法を工夫する。各クラスの優秀チームは1・2年の合同発表会で発表する。

❹ なぜ『演劇Ⅱ』なのか

IT化や少子化の影響で直接的なコミュニケーションの機会が少ない現代の子どもたちであっても，やがて社会に出れば，様々な文化的背景をもつ多様な人々と対話を通して合意形成し，一つの結論を導き出すコミュニケーション能力が求められる。そこで，演劇を通して様々な考えをもつチームメンバーが意見を摺り合わせながら一つのものを作り上げたり，フィクションを取り入れながら様々な対人関係や場面を疑似体験したりすることが，生徒の実践的なコミュニケーション能力の向上につながるのではないかと考えた。プラム「演劇Ⅰ」では，使用しなければならないキーワードや条件を加えた演劇を創作してきた。「演劇Ⅱ」では，テーマと制限時間だけを決め，制限をあまりかけないことによって，話し合いや演じる過程において，自分の表現の仕方や受け取り方がどのように他者と違っているのか，生徒自身が気づくきっかけにもなり，普段のコミュニケーションについて振り返る機会にもなることが期待できる。

❺ 実践を終えて

①チーム内での "他者" 体験から観客，そして異学年へと

　単元前半の授業では，男女各3～4人ずつ計6～7人のチームの中で効率よく話し合いを進めることができず，未完成のまま発表しなければならないチームも多かった。しかし，回を重ねる毎に生徒はその時間のゴールを意識し，それを達成するには何を優先して話し合いを進めなければならないのかを考えるようになり，単元後半では話し合いの開始の合図とともにメンバー全員が肩を並べて相談する様子が見られるようになった。また，授業始めに行ったアイスブレクもチーム活動を活性化させるために有効であった。表情や身体を使って相手に伝える活動をすることで，生徒は楽しみながら活動することができ，その後のチーム活動を円滑に進める際の一助となった。また，表現課題の発表の場として，1年生と合同発表会を行った。自分たちが考えた創作劇を1年生にも発表することで，相手によりよく思いを伝えるためにはどうすればよいかを考える機会となった。

②振り返りから生まれる新たな表現

　観客からのダイレクトな反応によって，表現する側は自分たちの思いが伝わったのかを確認したり，修正したりすることができることが演劇の醍醐味であった。中間発表会で，劇の内容をうまく伝えられなかったチームは，言葉づかいや声のトーンを工夫したり，話すスピードが速くて内容が伝わらなかったチームは話すスピードを調整したりする工夫が見られた。また，同じ言葉でも抑揚のつけ方一つで伝わり方が異なることに気づき，試行錯誤する姿が見られた。単元終了後の振り返りでは，演劇で学んだことを自分自身の生活とつなげ，活用していこうとする生徒の姿が見られた。

・演劇の授業を受ける前までは，クラスメイトと話している時，伝えたいことがうまく伝わらないことがあると，少しイライラしてしまって怒りっぽい口調になっていたけど，伝わらなかった時には「どのような伝え方をすればいいのか」と伝え方に着目して考えるようになりました。

・私が学んだことは他者と意見を出し合うことです。意見を出し合うことで，互いに高め合うことができ，普段の生活でも大切なことだと思いました。

・男女・年齢・国の違い等は関係なく様々な人と関わり合い，よりよい社会にするために，演劇の授業で学んだコミュニケーション能力はこれから必ず必要となると実感しました。

生徒の振り返りより

授業者からの**こぼれ話**

　「演劇Ⅰ」より制限時間を長くしたり内容の自由度を高めたりすることで，積極的に活動していました。生徒から「もっと演劇の時間を長くしてほしい」や「身体に加えてモノ（小道具）を使ってもいいですか？」との声も。完成度を高めたいという生徒の気持ちと，制限の幅のバランスをとることが難しかったです。

❻ 単元の流れと実践のポイント

回	生徒の活動と教師のしかけ

1　オリエンテーション

　自分たちの日頃のコミュニケーションについて見直し，相手に思いを伝えるための表現方法を考えた。喜怒哀楽を「表情」や「声色」を変化させて伝えたり，「動作」を加えてみたりといったコミュニケーションゲームを行った。

「表情」で喜怒哀楽の「楽」を
表現している生徒

2　企画会議

　テーマを「コンビニの新商品開発」とし，新商品の企画をそれぞれが6～7人のチーム内でプレゼンした。

> **指導のポイント**
> 　チーム内で新商品の企画をプレゼンする際に，よりよく相手に伝わるように「表情」「声色」「動作」について考えさせた。

プレゼンの様子

3　劇を考えるⅠ
〜
5

　チームのメンバーから出た新商品の企画から一つを選んだ。新商品の魅力を伝える劇にするためには，どのような構成にすればよいか考えた。

　発表会に向けて，相手を意識した劇となるよう練習した。

> **指導のポイント**
> 　相手に新商品の魅力を伝えるには，どんな構成にするのがよいか，時間を多く取って考えさせた。また，「表情」「声色」「動作」については，前時の学習を活かせるよう指導した。

演劇の練習の様子

6 中間発表会・振り返り

新商品の魅力が相手に伝わっているのかを確かめるために，ペアのチーム間で発表し，その反省を次時の発表会に向けての練習の参考になるようにした。

> 表情を1つ1つ細かくしていったほうが相手にとっては魅力を感じると思った。暗い表情よりも明るい表情がいいのかもしれないけど、暗さをわざと出すことでよりよくなることもある。言葉1つ1つをゆっくりはっきり話すことはやはり誰もが大切と思っている！！

中間発表会後の生徒の振り返り

7 練り直し・発表会Ⅰ（学級内）

発表会に向けて相手をより意識した演劇にするため，改善するべき点を各自で考え，チームで話し合い，練習した。発表会Ⅰの後は，これまでの活動を振り返り，一つの作品を作るために必要なことについて考えた。

演劇を修正している様子

8〜10 劇を考えるⅡ

発表会Ⅱに向けて，テーマを考えさせた。注意点として，自分の学年だけに伝わるようなテーマではなく，1年生にも伝わりやすいテーマとなるようにした。その結果，生徒はテーマを「宿泊学習」とした。場所や設定，登場人物等構成や表現方法に関する教師からの具体的な指示は控え，5分程度の演劇を生徒が自由に創作しやすいようにした。

11 発表会Ⅱ（1・2年合同発表会）

様々な表現方法があることに気づけるように1・2年合同発表会を行った。また，相手に自分の思いを伝えるためにはどうすればよいのかを考えさせた。

他学年の生徒の前で発表を行う様子

附中裁判所
～感動の昔話法廷～

❶ 目標

　観客を惹き込み，こだわりをもって判決を下したくなる昔話法廷を演出する。このことに主体的に関わり，チームで協力して人間ドラマを創り上げ，観客にとってわかりやすくかつ心が揺さぶられる昔話法廷を展開することができる。

❷ 単元の概要

1・2回目	オリエンテーション
3回目	専門家の実演
4～6回目	脚本作り・練習
7回目	プレコンテスト
8・9回目	修正・本番に向けた準備
10・11回目	コンテスト・まとめ

❸ 追求する表現課題

　観客が感動し，こだわりをもって判決を下したくなる昔話法廷を創る。昔話法廷は「NHK for school」で放映されている大ヒット映像である。附中裁判所において人々を惹きつける人間ドラマをえがき，香川県弁護士会の方々が審査する昔話法廷コンテストで優勝をめざす。

❹ なぜ『附中裁判所』なのか

　生徒たちは映画やテレビで検察官や弁護士が主人公の物語を目にしている。「判決に関わってみたい」や「論破したい」等の声が聞かれる。また，現実の裁判となると責任重大で関わりにくいが，特別な裁判所「附中裁判所」における創作の裁判ならば関わりやすい。それも題材が昔話ならば，さらに関わりやすいであろう。

　では，手続きや役割がかなり限定される裁判を表現させることのねらいは何だろうか。それは，定型の中で表現する方が，内容の構成や伝え方の工夫に焦点を当てやすいからである。どのような台本ならば観客が感動するか，どのような争点ならば判決に迷うか，内容の構成を工夫するだろう。また，身振り手振り，服装，映像資料，テロップやBGM等伝え方も工夫するだろう。実際，昔話の一場面を事件として切り取り，罪を追及する立場と擁護する立場から法廷を演出するのは簡単なことではない。だからこそ，観客の目線に立って，わかりやすさや面白さを追求する試行錯誤が生まれる。

❺ 実践を終えて

①よりよい表現へのあこがれを生み出すしかけ

　本単元では，あこがれを生み出す二つのしかけを用意した。一つは「NHK for school の昔話法廷」の視聴である。映像を視聴して，生徒たちは，出演者の洗練された表現の巧みさに驚く。さらに，その昔話法廷の続編として検察官役や弁護人役を体験することで裁判を演じることの難しさと面白さに気づく。もう一つは専門家の実演である。本物の弁護士が現実さながらに裁判劇を披露したことで，生徒は強い刺激を受けた。そのような効果として右図のように，11回の授業を通して，本授業に臨む高い意欲が持続した。また，しかけを用意した後に，実際の表現活動を行う中で，伝え方を工夫しようとする姿が随所に見られた。

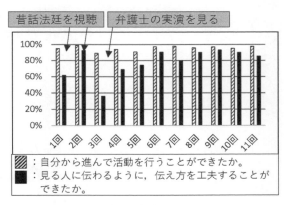

昔話法廷を視聴　　弁護士の実演を見る

▨：自分から進んで活動を行うことができたか。
■：見る人に伝わるように，伝え方を工夫することができたか。

肯定的な回答の推移

②「伝わらない」から，伝える工夫を磨く

　生徒たちは，プレコンテストで衝撃を受ける。観客の目線を意識できていないため，まさに「何を演じているのかさっぱり伝わらない」（生徒談）。そこから台本を簡潔にしたり，パネルでストーリーを可視化して見せたり，登場人物に被り物を着せたりし始めた。本番はどのチームも，争点が明確になり，わかりやすい裁判劇を演出することができた。

弁護人役
ピーター
パン役
ティンカー
ベルの人形
ティンカー
ベルの声役

わかりやすく伝える演出の工夫

授業者からの
こぼれ話

　附中裁判所では名俳優が生まれます。被告人に迫る検察官や泣き崩れる証人，冷静沈着な裁判官など。黒子役も大活躍で，BGMを流したり，プレゼン画像を動かしたり，それぞれが与えられた役をまっとうしました。
　しかし，本番直前は，準備の時間がたりないチームがいくつか見られました。放課後，チームごとに自主的に集まって読み合わせをしたり，自宅で小道具を作って持ってきたりする姿が見られました。

Professional's Voice

吉田　明央さん
香川県弁護士会子どもの
権利及び法教育に関する
委員会　委員長

なじみの薄い裁判を，聞き手にわかりやすく創りこめるか心配でしたが，衣装や道具を用いた視覚的な工夫がされ，大人では思いつきにくい斬新な証拠が出される等感心しました。

❻ 単元の流れと実践のポイント

回	生徒の活動と教師のしかけ

1・2

オリエンテーション

「NHK for school 昔話法廷」の『三匹のこぶた裁判』『カチカチ山裁判』を視聴し，裁判官や検察官，弁護人役を演じて裁判の流れや表現の仕方を体験した。

3

専門家の実演

『浦島太郎裁判』を途中まで視聴し，映像の延長戦という形で2人の弁護士の実演を見た。そして判決を下す体験をした。映像視聴の時に考えていた判決と弁護士の実演後に考えた判決が変わった生徒が多数いた。

3回目

> 弁護士の人たち、さすがにトークが上手だった。検察の役の方は事実をたんたんと述べて、罪の大きさをうったえ、弁護側の人は、乙姫の心情もまじえ、裁判委員に情状酌量を求めていた。つくりばなしなのに、すごく、感情移入できた。

専門家の表現に驚く生徒の記述

検察官・弁護人たちの演じ方のコツ 　専門家からの指導
- 反対尋問は「はい」，「いいえ」で答えられる問いで追及するとよい。
- 弁護人は証拠の疑わしさを指摘し信用性を下げるとよい。
- 短時間で意見を伝えるために結論を先に述べる。

4〜6

脚本作り・練習

チームで扱う昔話，事件の場面，配役を決めた。また，ストーリーを全員で話し合い，練習しながら修正を加えた。

チームについて

教師が選んだ10名1組。
配役は，裁判官，検察官2名，弁護士2名，被告人，証人2名，脚本家，黒子を基本として各チームの事情に合わせて変更可とした。

指導のポイント

教室を複数のホワイトボードで仕切り，話し合いをさせた。このことで自然とボードを活用して内容を視覚化したり，記録したりしてチーム全体で意見を共有した。
各チームの自由度を最大限尊重するが，教育上問題のある表現がないか等の確認をするため，プレコンテスト前に台本を提出させた。

チームで台本を作る様子

7 プレコンテスト

　2チームが互いに昔話法廷を見せ合い，点検用に撮影した動画を自分たちで視聴し，修正につなげた。

> 裁判の大まかな流れを全員が理解し，矛盾が起こらないようなものにする。事実や述べたいことを言う時には，根拠を明らかにしている。今回ごちゃごちゃになった経験を通し，次に改善していきたいです。

> スムーズにつなげる劇だけでも難しいのに，そこに，説得力のある意見を加えると，より難しく，見ている側としては説得力やスムーズなつなぎが欠けているように感じました。"より良く"を目指して改善を!!

うまく伝わらなかったことを振り返る記述

8・9 修正・本番に向けた準備

　プレコンテストを活かして昔話法廷の修正をしたり，本番に向けた小物や舞台装置を作ったりしながら，練習を続けた。

指導のポイント

　本番までは，他チームの昔話法廷を直接見られないため，右図を見せ，表現の工夫の仕方や他チームのよさを共有した。視覚効果や聴覚効果へのこだわりをもつチームが増えた。

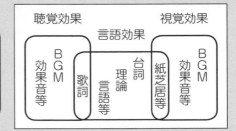

表現の工夫をうながす概念図

10・11 コンテスト・まとめ

　コンテストで自分たちが創った昔話法廷を披露した。他チームの昔話法廷を視聴し，自分たちの表現と比較しながら，この単元の振り返りを行った。

> 内容的にしっかり成り立っていて良くかったと思う。また，無罪と有罪がほとんど同じくらいの人数だったので，良い裁判になったのかな，と思います。また，尋問をするときに，証人に近づいたのも良かった♪

コンテストへの考えがわかる振り返り

本番の法廷の様子

【昔話法廷の演目の例】

演目	被告人	昔話法廷の概要
ピーターパン裁判	ピーターパン	寂しく暮らす3人の子どもを楽しませようとの思い余っての行動か，計画的に誘拐した誘拐罪か。
白雪姫裁判	魔女	白雪姫に毒リンゴを食べさせた事実があったかどうか。魔女は白雪姫を喜ばそうと普通のリンゴを渡したと容疑を否認。

創作紙芝居

❶ 目標

　紙芝居の創作に主体的に取り組み，グループのメンバーと話し合いながら，よりよい表現をめざすとともに，相手意識や目的意識をもって，内容に合った構成や構図，表現方法を工夫することができる。

❷ 単元の概要

　1回目　オリエンテーション
　2回目　紙芝居の分析
　3回目　絵コンテの素案作り
　4・5回目　絵コンテの練り直し
　6〜9回目　創作
　10回目　試演（リハーサル）
　11回目　実演・まとめ

❸ 追求する表現課題

　海外で注目されている日本文化の一つ，「紙芝居」を創作し，実演する。対象は幼児。各グループが選択したテーマに沿って，観客と読み手が一緒に楽しめるような物語を創作する。また，内容を効果的に伝えられるように，構成や構図，色使いを工夫し，共感を呼ぶ紙芝居にする。

❹ なぜ『紙芝居』なのか

　「紙芝居」は，物語を何枚かの絵に描き，順に引き抜きながら，観客に語って見せる日本の伝統文化である。読み手によって臨場感たっぷりに語られる紙を使った芝居は，子どもたちを魅了し，戦後の娯楽の一つにもなった。現在では，読み手が観客と直接向き合い，反応を確かめながら演じるという紙芝居の特性が見直され，双方向のコミュニケーションを生み出すツールとして海外からも注目を浴びており，「KAMISHIBAI」として親しまれている。

　このような紙芝居を一つの作品として完成させるためには，自分が表現したいことと他者の考えとの違いを認め合いながら対話を重ね，構成や構図等を検討する必要がある。また，観客と対面する形で実演し，率直な反応を感じ取ることで，成功の喜びを実感できる一方，失敗した部分をどう改善するのか，試行錯誤する場面も必ず出てくる。紙芝居は，他者と関わる機会が多いため，相手意識をもってよりよい表現を追求しようとする意欲や態度を養える。

❺ 実践を終えて

①紙芝居の魅力，再発見！

　絵本と紙芝居とを比較したり，興味をもった紙芝居を読んで分析したりすることで，紙芝居の新たな魅力に気づくことができた。観客と読み手との位置関係や距離を考えたわかりやすい構図や色使い等の工夫によって，読み手にも「楽しい」と思わせる効果があると感じていた。紙芝居を体験する時は，グループ形態等の教師の指示を少なくし，分析する時間を確保するようにした。初めは，親しい者同士で読み合っていた生徒たちが，自然と集団を形成し，学級全体で楽しもうとする場面も見られた。授業後の振り返りには創作や実演への前向きな感想が見られ，意欲づけにもつながった。

紙芝居を体験する様子

②試行錯誤を促す創作場面の設定

　共感を呼ぶ紙芝居にするため，表現の工夫について意見を述べたり，話し合ったりする場面を設定した。特に，山場の作り方に焦点を当て，観客に期待感をもたせるようなしかけを専門家にアドバイスしてもらい，話の一貫性や場面展開を試行錯誤していく中で，対話を重ねた。3〜4人でアイデアを出し合い，一つの物語を創ることを難しく感じる生徒もいた。しかし，しかけを明確にすることで結末までの展開を見通し，さらに発想を広げることができた。

・自分の担当のところ以外の部分とも連結させて考えないといけないので難しかったです。
・班で山場と結末を考えて，展開についてけっこう意見が分かれて大変だった。いろいろな視点から考えて意見が最終的にまとまってよかった。
・今日，場面を広げてみて，つながりを考えるために「どこまでにする？」と言葉をかけ合えたので，よかったです。
・みんなと話し合いながら場面を想像していると，どんどん会話が弾んで，どんどん描けたので面白かった。

生徒の振り返り（第4・5回）

授業者からの**こぼれ話**

　試演から実演に向けての修正や練習は，熱がこもったものになりました。観客の集中力を途切れさせないために，読み手の立ち位置や紙を抜くタイミング，声の出し方などにも工夫が必要だと，自然と気づいたようです。
　読み手の意図やしかけが伝わると，観客に笑顔が生まれます。すると，読み手も笑顔になり，皆がますます物語に引き込まれていくのがわかりました。教室全体に一体感が生まれ，あたたかい雰囲気に包まれる……そんな時間を共有できました。

Professional's Voice

南　正邦さん
香川県美術家協会会員

コトダマを発する心情。私たちはそれを人と共有したいと思います。物語なら，設定を自由に創作し，人々と楽しくコトダマを共有できます。悪役と主客逆転の鍵がポイントです。

❻ 単元の流れと実践のポイント

回	生徒の活動と教師のしかけ

1

オリエンテーション

同題名の絵本と紙芝居の読み聞かせを比較し，紙芝居ならではの形式や特性について気づいたことをまとめた。また，日本で生まれた紙芝居の文化や歴史をインターネットで調べた。

> ○「紙芝居」と「絵本」には，どのような違いがあったか？
>
> | 紙芝居 | 絵本 |
> |---|---|
> | ・神があって，その世界に入れる | ・読み手が見えているので親しみがわてる。 |
> | ・裏に文字が書いている | ・きりのばしても文字が書いている。 |
> | ・紙をぬく → 残りのページ分が分からない | ・ページをめくる → 残りのページが分かる。 |
> | ・抽象的 → 遠くから見ても分かる。 | ・級成組 → 聞き手が近く，絵がよく見える |
> | 距離（遠くから見てもOK.） | |

絵本と紙芝居を比較した記述

2

紙芝居の分析

テーマの違う複数の紙芝居を観客の前で実際に演じてみることで，その場の臨場感を味わうとともに，場面構成や構図，色使い等，様々な視点から紙芝居の特徴を分析できるようにした。

> 紙しばいをよんだり，みたりするのはよくあることだが，「紙芝居を深める」ということははじめてだったので新鮮だった。読まずに表の絵だけを見てみたが，それだけで物語のおおよその内容が分かった。表の絵も大事なんだな。

> 紙芝居は，内容だけでなく分かりやすさや人物の気持ちをぬき方，よみ方で表そうとしていることが分かった。紙芝居は，1回話を頭に入れておいてから読んだ方が気持ちを込めて読めそうだと考えた。

授業後の生徒の振り返り

3

絵コンテの素案作り

四字熟語のテーマに沿って，起承転結の場面構成を3〜4人で分担して考えた。キャラクターを○や△と記号化し，簡単なセリフを書き込むことで，設定や展開が捉えやすくなった。

生徒が作った絵コンテ例

4・5

絵コンテの練り直し

物語の行方を左右する「転」の重要性を意識し，具体化するために，内容や構成を練り直す視点について専門家にアドバイスをもらった。

> **専門家からの指導**
> 「危機に陥った主役を救い，敵役を倒す」等，それまでの場面展開を劇的に変化させる要素「逆転の鍵」を決定することで，物語がより面白くなる。「逆転の鍵」には「魔法」「奇跡」「愛」等，様々な要素がある。

絵コンテを使った指導の様子

6～9 創作

　グループ内で分担して絵を描いた後，文章を書いた。1枚の紙に左右半分ずつ絵を描く等，紙の抜き方を考えた構図，明暗のはっきりした色使いや中心人物を強調するような色使い等，色でも伝え方を工夫できることを確認した。

紙芝居を創作する様子

指導のポイント

　紙芝居から離れている観客にも物語の内容を伝えられるよう，単純明快な構図や脚本を考えることを，毎時間授業の初めに意識させた。

10 試演（リハーサル）

　5グループに分かれて試演し相互評価した。相手意識をもって臨むことを再確認し，より効果的な伝え方について考えるために，タブレット端末で撮影して，修正案の検討や実演に向けた練習に役立てた。

試演の様子

11 実演・まとめ

　試演を踏まえ，さらに修正・練習する時間を確保した上で実演を行った。

実演の様子

　班のみんなでつくりあげた作品で，みんなが笑ってくれた時はうれしかったです。話が盛り上がると，読み手と聞き手が同じ作品を共有し合って一体感が生まれ，みんなとのきょりが近づいた気がしました。

　このプラムの授業を通し，1つの作品をつくりあげるのはとても難しいことだと改めて思った。みん客の反応も見ながら少しずつ修正をしていき，最後の発表はかなり良いものになった。しっかりと他人に自分の伝えたいことを伝えられたと思う。

　最初「起承転結」をベースに話の骨組みから考えていきました。また，それぞれ役割分担して作品を作りあげていくのは，統一性や一貫性を重要視した作れるので良かったです。他の班の良いところを真似していくのは楽しかったし，当て最後はうまく演じることができたので最高です。

実演後の生徒の振り返り

79

人の心を動かす映像制作Ⅰ
～映像の可能性～

❶ 目標

映像制作活動に主体的に参加し，チーム内の自己の役割を果たすとともに，よりよい映像作品にするために自己の役割の視点から作品の構成を考えたり，伝えたい相手の気持ちを踏まえた映像制作の工夫をしたりすることができる。

❷ 単元の概要

1回目	オリエンテーション
2・3回目	企画会議
4～6回目	撮影
7回目	編集
8回目	中間上映会
9・10回目	追撮・修正
11回目	映像コンテスト予選

❸ 追求する表現課題

文化祭で開催される「人の心を動かす映像コンテスト」に向けて，視聴者の心を動かす2分程度の映像作品を作る。課題提示されている冒頭部分をもとにして，チームで作品のストーリーを考える。その際，視聴者に伝えたいことを設定し，それが伝わるような映像作品にする。

❹ なぜ『映画制作Ⅰ』なのか

映像制作は，生徒たちの興味・関心が持続しやすい。撮影したり，編集したりすること自体に面白さを感じることができる。また，苦難を乗り越えて制作した作品そのものが成果物として目に見える形で表れ，上映会や放送という形でフィードバックされることで，生徒たちの自己効力感を大きく向上させる。単元を通して，相手の心を動かすような映像作品とはどのようなものなのかを常に自分自身に問いかけながら映像制作を行うことで，表現する内容や方法を何度も振り返りながら吟味することができる。

映像制作は他者の協力なしでは進めることができない。制作過程では様々なアクシデントが起こるため，仲間と協力して問題解決せざるを得ない状況に直面し，それらを乗り越えるためには，仲間同士の対話は必要不可欠である。自分自身の意見を主張したり，複数の意見の折衷案を生み出したり，意見をまとめたりしながら，様々なアクシデントを乗り越えていく過程も本単元において重視している部分である。

❺ 実践を終えて

①オリエンテーションで生徒の心をつかむ！

　初めて行う映像制作でいかに生徒に「やってみたい！」「面白そう！」と思わせるか。1時間目に専門家と連携して，生徒全員が参加しての即興映像制作を行った。台本を配り，主演とカメラマンを決め，残りの生徒はエキストラとして参加した。専門家の本格的な撮影指示，そして撮影後の編集作業を目の当たりにした生徒たちは目を輝かせていた。単元を進めていきながらも，この1時間目を常に振り返りながら学習を進めることで，初めての映像制作をスムーズに行うことができた。

専門家の編集作業を眺める生徒たち

②映像制作の面白さは話し合いの姿勢を変える！

　多くの生徒が積極的に本単元の活動に取り組んでいた。その理由として，映像制作という題材の魅力が大きいのではないかと考える。積極的に取り組む姿勢で顕著に表れたのが，話し合う時の生徒の姿である。普段の授業では自分の意見をあまり言うことができないと感じている生徒が，本単元では，自分から意見を言うことができたと感じている。また，よりよく表現しようとする気持ちから，意見のまとめ役をかって出る姿が何度も見られた。

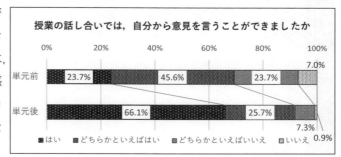

授業の話し合いでは，自分から意見を言うことができましたか

	0%	20%	40%	60%	80%	100%

単元前：23.7%／45.6%／23.7%／7.0%

単元後：66.1%／25.7%／7.3%／0.9%

■はい　■どちらかといえばはい　■どちらかといえばいいえ　■いいえ

授業者からの　こぼれ話

　生徒たちは，本当に楽しそうに活動に取り組んでいました。「どんな風に撮影しようか」，「BGMはこれにしたらいいんじゃない」等，自分たちで意見を出し合いながら進めていきました。

　しかし，単元途中から作品の質が明らかに変わってきたチームもありました（悪く言えば，自分たちだけが面白いと感じる映像に…）。

　生徒にとって動画が身近な存在（SNS等）になっていることで，子どもたちだけの映像観があるのかもしれません。「何を伝えたいのか？」をはっきりともち続けることが，映像制作で大事なポイントだと改めて実感しました。

Professional's Voice

杉山 映美さん
放送制作株式会社

　伝えたいこととその相手を意識したことで作品を客観的に捉え，さらに魅力のある仕上がりをめざせていたと思います。作品には個性が表れ，生徒の想いが赤裸々に映し出されていました。

❻ 単元の流れと実践のポイント

回	生徒の活動と教師のしかけ

1

オリエンテーション

　専門家と連携して，その場で脚本を配布し，即興的に映像制作を行った。学級全員が参加（主演1名，カメラマン1名，エキストラ38名）し，映像制作を実際に体験し，専門家の編集を経て，完成した作品をその場で視聴した（右はその時の脚本）。

```
専門家からの指導
```
第1回で専門家から学んだこと
①一つのシーンをいくつかのアングルから撮影しておく。
②表情，声がわかるように撮影する。
③状況がわかる"物"，"風景"の撮影もする。
　（例…時計，教室，風で葉が揺れる木等）

2
・
3

企画会議

　初めて映像制作を行う本学年の生徒にとって，何もないところからの脚本づくりは難しい。そこで，全チーム共通のストーリーを教師が設定し，そこから各自がアレンジできるようにした。

共通の作品ストーリー

　附属高松中学校2年生○○は，△△部に所属している。最近，部活でうまくいかないことが多い。勉強もなかなか集中できない。
　そんな時，ある出来事がきっかけでAは変わっていく…。
　（※これに続くストーリーを考える。）

各チームに用意する物
○タブレット端末1台　　○手作りカチンコ
○タブレット用三脚　　○脚本ファイル

4
〜
6

撮影

　撮影はタブレット端末で行うようにした。撮影の際には，撮影許可や物品使用許可を取ってから行うことを約束事とした。撮影に関わる約束事を通して，SNSによる人間関係の問題等についても考えることができた。

```
指導のポイント
```
　タブレット端末で撮影することで，撮影後すぐに確認することができる。また，チーム全員で顔を近づけて見ることができるので，気づいたことを意見しやすい環境が生まれる。

撮影後すぐにシーンを確認する

7 編集

　編集担当を中心に，校内のコンピュータ室で編集作業を行った。チーム内の役割に応じ，右の視点で編集作業をチェックしながら進めるようにした。

編集時の役割チェック項目
□脚本……"伝えたいこと"とのズレはないか
□演出……出演者の表情や動き
□カメラ…カメラワーク
⇒それぞれの視点で編集作業を観察し，さらによいものになるように修正する。

8 中間上映会

　お互いの意見を発言しやすくするために，学級全員で大画面で視聴するのではなく，タブレットで映像作品を視聴できるようにした。視聴して気づいたことを付せんに記入し，ワークシートに貼るようにした。各役割（監督，脚本，カメラ，演出，編集）ごとに付せんの色を分けたことで，その後の改善点を整理しやすくした。また，専門家からもアドバイスをもらった。

付せんが貼られたワークシートを
参考に修正箇所を話し合う

それぞれのシーンは丁寧に撮影できているので，編集で順番を整理し，話の展開が見る人にわかりやすいよう整理しよう。

ベンチでうつむき，落ち込んでいる次郎と，回想シーンを結びつけるひと工夫があると視聴者が理解しやすい。
→例えば，「この手で突き落としてしまった・・・わざとじゃないんだ。」という気持ちで，次郎の目線カメラで手元を撮影するなど。

専門家からのアドバイスカード

見る人が話を理解しやすいように，
文字を途中で入れたり，声を聞きとりやすいように大きな声を出したりする。

文字を入れずに，どんなシーンが相手に伝えることのできるすべを考える。

　上のチームは「テロップを入れて状況をわかりやすくする」，下のチームはあえて「テロップを入れずに状況がわかるように，表情やしぐさ，物撮りで工夫する」と考えた。

9・10 追撮・修正

　中間上映会での他チームからのコメント等を踏まえ，自分たちの伝えたいことが伝わるように作品を再度見直し，修正を行うようにした。

11 映像コンテスト予選

　各チームの作品を学級全員で視聴し，伝えたい想いが最も伝わった学級内優秀作品を選考した。

おもてなし
～四国88ヶ所霊場を世界遺産に～

❶ 目標

四国88ヶ所霊場の世界遺産登録に向けて，どのような活動ができるか考え，社会に向けてプレゼンテーションすることができる。

❷ 単元の概要

1回目　　オリエンテーション

2・3回目　チーム決め・内容決定

4～6回目　製作・練習

7回目　　中間プレゼンへの最終調整

8回目　　中間プレゼンテーション

9・10回目　改善・練り直し

11回目　　最終プレゼンテーション

❸ 追求する表現課題

四国88ヶ所霊場が世界遺産に登録されるために，どのようなことが必要だろうか。遍路文化の根底にあるおもてなしの精神を学び，世界遺産登録に向けて香川県庁の文化振興課にアピールする。

❹ なぜ四国88ヶ所霊場の『世界遺産登録』なのか

近年，地元では四国88ヶ所霊場や遍路文化が注目され，世界遺産登録へ向けて様々な活動が行われている。本校から南に1.5㎞ほど離れた場所には，四国88ヶ所霊場第83番札所 神毫山 大宝院 一宮寺があり，本校の西側の道路は，第84番札所 南面山 千光院 屋島寺へ向かう遍路道になっている。このような環境の中，生徒は日頃，お遍路さんを見かける機会もあり，四国88ヶ所霊場や遍路文化は生徒にとって詳しくは知らなくとも身近な存在である。

3年生の後期に行う本単元では，社会に向けてアピールする力を育むことに力点を置いた。生徒が創造表現活動で学んできた様々なことを活かし，さらに表現を磨くためには，生徒の意欲をかき立てる課題が必要である。「世界遺産」については，社会科で学習するが，個人で世界遺産登録へ向けた活動を行う機会は極めて少ない。地元の活動を学び，今の自分にできることを考え，香川県庁の文化振興課に向けてプレゼンテーションすることで，試行錯誤しながら表現を磨くことができる。また，世界遺産登録に向けた，本物の活動を学び，参加することで，社会の中で通用する発信力や表現力を養うことができる。

❺ 実践を終えて

①郷土を身近に感じることで生まれる「伝えたい想い」

　本単元の学習を進めていく中で，生徒は今まで当たり前のように目にしていた郷土の風景の中に，四国88ヶ所霊場や遍路文化が多くあることに気づいていった。本校近くの遍路道でお遍路さんと遭遇する機会がある。そんな時，生徒が自ら話しかけ，自分たちのチームの取組を説明したり，お遍路さんに話を聞いたりする姿が見られた。また，インターネットや書籍からの情報収集では不十分だと感じたチームは，実際にお寺に出かけ，実態やニーズを調査した。「うちの近所のお寺ではこんな活動をしていた」「○○寺で出会った外国人のお遍路さんから，英語の案内は多いが，フランス語の案内が少なく不便と言われた」と話すなど，実感を伴った学びを得ていた。このような経験を通し，生徒は今まで以上に，四国88ヶ所霊場の存在を身近に感じたようである。世界遺産登録という，少しかけ離れた目標のように思えることに対しても，様々な年代の人がそれぞれの立場で活動していることを知り，今の自分たちにもできることがあると感じたことが，積極的な取組の原動力になったと考えられる。

②専門家へのプレゼンテーション

　本単元では四国88ヶ所霊場の世界遺産への登録に向け，県の中心となって活動している香川県庁の文化振興課の方に何度か来校してもらった。その際，「中学生がこのような取組をして，社会にアピールすることが世界遺産登録にはとても効果的」と伝えてもらったことが，生徒のモチベーションアップに繋がったと考える。また，相手意識をもってプレゼンテーションすることで，誰に，どこでどんなことを伝えたいのかをより明確に意識することができた。

11月30日（金）の活動を振り返って＆最終発表に向けて

> この前 県庁の方が 言ってくれたアドバイスを生か
> して，自分たちらしい 四国へのの 魅力を考えました。
> すると おもしろい意見が たくさん 出てきて，すごくおもしろかった
> です。

生徒のワークシート記述

授業者からの こぼれ話

　中間プレゼンテーションや最終プレゼンテーションの前には，何度も熱心にリハーサルをする姿が見られました。そんな生徒の努力が認められ，いくつかの映像や作品が県庁の展示室に公開されました。また，作成したCMなどを自分自身のSNS等で公表している生徒もおり，主体的な取組に驚かされました。

Professional's Voice

北山　健一郎さん
香川県政策部文化芸術局
文化振興課　課長補佐

四国遍路や世界遺産等，通常の授業では教わらないものに真剣に取り組み，様々な方法でプレゼンテーションしてくれた生徒たちの頑張りに脱帽！

❻ 単元の流れと実践のポイント

回	生徒の活動と教師のしかけ

1

オリエンテーション

香川県庁の文化振興課の方からの説明を聞き，現状と課題を学んだ。

> **専門家からの指導**
> 遍路文化やおもてなしの精神について学ぶとともに，菅傘や金剛杖に実際に触れた。四国88ヶ所霊場の世界遺産登録に向けては，地元の人々の活動が重要であることを指導してもらった。

県庁の方から説明を聞く様子

2
・
3

チーム決め・内容決定

現状と課題を認識したのち，興味をもった内容についてより深く調べ，その上で，今後どのようなことをより深く探求していくのかを考えた。

> **指導のポイント**
> 生徒がより自分たちの探求したい内容に迫りやすくするため，チームの人数は最大8人までと設定し，それ以下であれば，自由に決定させた。

資料から情報収集する様子

4
〜
6

製作・練習

プレゼンテーションの方法は自由に生徒が決定した。そのため，パソコンで映像を製作するチーム，紙粘土を用いてオリジナルキャラクターを作りアピールするチーム，お遍路さんを主人公にした絵本を作成するチームなどその表現方法は多岐にわたった。

地元の活動を調べていく中で，世界遺産登録へ向けて，すでに様々な活動が行われていることを知り，「中学生だからこそできること」「私たちの視点や感じ方」を大切にするようにした。

漫才では，方言や地元の名産品を用いて，四国88ヶ所霊場をユーモアに紹介した。

漫才でプレゼンテーションを練習する生徒

7 中間プレゼンテーションに向けての最終調整

　県庁の方にどのようにプレゼンテーションをすれば，自分たちの表現がより伝わるかという視点で調整した。また，グループごとの独自性やアピールポイントを明確にした。

8 中間プレゼンテーション

　県庁の方に対してチームごとに中間プレゼンテーションを実施した。その後，各チームにアドバイスをもらった。

中間プレゼンテーションの様子

11月22日（金）のプレゼンを振り返って・・・

自分たちのグループは，コントをやった。なるべく四国遍路についての情報や良さ，また，興味をもってもらうきっかけを入れることを意識していたけれど，発表後に考えると，一般の人には，分かりづらい部分がたくさんあった。今まで誰かに見てもらうということをしたことがなかったので，人を相手にしたことで，改善すべきところが山のようにあった。

文化振興課の方のお話を聞いて，今後に活かしていきたいことは・・・

全体的に，世界遺産登録をうながすものなのか，四国遍路を知ってもらうためのものなのかが，明確でなかった。文化振興課の方には，良さは伝わったが，それだけだった。人を相手に何かを伝えるときは，まず何を伝えたいのか，そしてどうすれば相手に上手く伝わるのかを考えなければいけない。また，伝える相手によってアレンジを加えることで，よりよいプレゼンになることが分かった。

中間プレゼンテーション後のワークシート

9・10 改善・練り直し

　中間プレゼンテーションで県庁の方にもらったアドバイスを活かしながら，最終プレゼンテーションに向けて準備を進めた。「誰に」「何を」「どうやって」伝えるのかをより明確にするとともに，オリジナリティを活かす工夫をした。

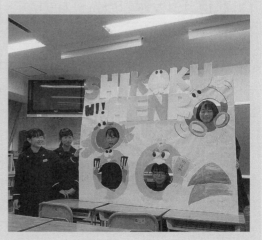

お遍路さんをテーマに独自のマスコットを製作し，顔出しパネルを使ったプレゼンテーション

11 最終プレゼンテーション

　よりプレゼンテーションの内容を伝わりやすくするために，チームごとに様々な工夫をしていた。社会のあらゆる年代の人々を意識しながら，チームの独自性やアイデアを伝える工夫が見られた。

シンポジウム
〜ミライノセイトカイ〜

❶ 目標

　これからの生徒会活動に関わる様々な課題について討論し，意見を共有することを通して，新しいアイデアを創造できる。

❷ 単元の概要

1・2回目　　現状確認
3〜5回目　　情報収集
6〜8回目　　全体討論
9・10回目　　小討論
11回目　　提言づくり

❸ 追求する表現課題

　これからの生徒会の在り方について考える。参画することが，自身の成長にも学校にも社会にもよい影響がある生徒会活動について，たくさんのテーマで話し合う。そして，この国の生徒会の在り方を変えるような，新しいアイデアを実践する。歴史的な第一歩を母校に刻む。

❹ なぜ『シンポジウム』なのか

　シンポジウム（symposium）とは，「討論の一形式。複数の人が，同一問題の異なった面を示すように講演または報告し，おのおの意見を述べ，聴衆や司会者の質問に応答するという方式のもの（広辞苑）」のことである。参加している話者も聴者も協働して対話の場を創造する活動がシンポジウムであり，話者と聴者との双方が能動的に場をつくり出すことによって話し合いが成立するということを体感的に学ぶのに適していると考える。

　シンポジウムで話し合うテーマは生徒から募集することも考えられるが，抽象的になりすぎると，活動に対する意欲を単元後半まで持続させることができないと考えられた。そこで，本単元では，シンポジウムの結果として生徒会活動への提案をつくることとした。

　生徒会活動は，生徒にとって当たり前の日常であり，不満が少々あったとしても変えることができないと，生徒は思い込んでいる。しかし，当たり前の日常生活も，手順を踏み，説得によって多数を味方につけることで変えていくことができる。本単元を通して，説得力のある提案を表現することや全体で議論することの重要性を実感できるのではないかと考えた。

❺ 実践を終えて

①自分たちでも現実に影響を与えることができる！

　単元の終了時にワークシートを用いて，学んだことや身につけたことについて振り返らせたところ，「自分たちの力で…大きな行事も変えることができるんだと学びました」，「自分たちがしようと思えば学校を変えることも可能だということに驚きました」，「どうせ変わらないと

諦めてしまうのではなく…考え続けることが大切だと思います」といった意見が数多く見られた。

　変えることができないと思っていた生徒会活動について，自分たちで意見を出し合って提案することで，何らかの変化を加えることができると実感している生徒が多いことが確認できた。

> 学校をよりよくするために，自分たちで学校の問題点を見つけてアンケートをとり，提案を考えました。私たちは，実行するまではいかなかったけれど，文化祭や制服のチームは実行していました。自分たちの力で，そこまで大きな行事も変えることができるんだと学びました。私たちが動いたら，今年から附中に新しいことが起こり，おどろきました。

> 自分たちがしようと思えば学校を変えることも可能だということに驚きました。私たちが提案してもだいたい先生に否定されると思っていたけど，提案しなければ何もはじまらないとわかりました。これからは，もっと真剣に学校について考えようと思います。

生徒の振り返り

②認めてもらうために，表現は磨かれていく

　生徒の振り返りの中に，「具体例を提示する」，「共感できる事柄を探し出す」等の表現することに関する学びの様子も見られた。自らのものではなくても，自分が参加しているシンポジウムで提案され，採択したアイデアが実現化していく様子を目の当たりにしたことによって，アイデアを考え続けたり臆せずに提案したりすることの価値に気づくことにもつながったようである。生徒会活動を変えるアイデアをシンポジウムで提案し，認めてもらうために，生徒は様々な工夫をこらしていた。分科会からの提案で表現を工夫した体験や，工夫された表現に触れる体験を通して，表現する時に気をつけておくことを学べたのではないだろうか。

授業者からの
こぼれ話

　「文化祭で後夜祭をしたい」という提案が実現し，文化祭終了後，有志参加の後夜祭が開催されました。この企画の成功には，生徒の提案した企画を認め，許可し，見守ることのできる教職員側の柔軟な姿勢が必要不可欠でした。それを物語るのが，ギター片手に後夜祭のステージで演奏した校長の姿です。

❻ 単元の流れと実践のポイント

回	生徒の活動と教師のしかけ

1・2

現状確認

　単元の表現課題と単元で学ぶこと（社会システム）の概要について説明を受けた生徒は，付せんを用いたグループワークで生徒会活動の現状と問題点を出し，全体交流で共有した。

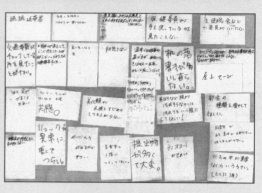

グループで本校の現状と問題点をあげた

3〜5

情報収集

　課題の共通性からクラスのシンポジウムテーマ案を議論し，決定した。その後，課題を10程度に分類し，分類したグループに分かれて提案内容を考えた。

> 附中生徒会システムを REDESIGN！
> 〜テーマ案〜
> ○文化祭を変えよう
> ○動物を飼おう
> ○部活動を変えよう
> ○時間の使い方を変えよう
> ○制服デザインを変えよう
> ○中庭をきれいにしよう

検討会の様子

　提案の方向性や根拠等に沿う情報を得るための方法を考え，実際に試したり，現地調査したり，アンケートやインタビューで情報を取得したりする等，計画し実践した。

全校生から集まったアンケートの一部

中庭の汚れ具合を調査中

6〜8 全体討論

テーマについてクラス全体で議論して，クラスの「基調（基本的な考え）」をつくった。分科会に分かれて，「基調」と分科会提案に基づいた分科会の意見形成を行い，提案の準備を行った。

> **指導のポイント**
> 提案の形式が「現状・提案・理由や効果」となるよう指導した。聞き手に対して説得力を高めるために必要な基本フォーマットと考えられる。

提案内容とわかりやすく伝えるボード

9・10 小討論

分科会から提案を行い，議論した後，クラスの過半数の賛同によって，全校へ提案するかどうか決定した。アンケート結果をフリップやスライドにするなど，提案内容をわかりやすく表現しようと工夫する姿が見られた。

提案内容をプレゼンする様子

11 提言づくり

分科会提案を明文化し，生徒代表委員会に提案できるようにした。

クラスで採用された提案について，生徒手帳の会則を確認し，生徒代表委員会へ提案することを告げた。

生徒は，自分たちの表現内容が実生活に生きることの実感をもって授業を終えた。

生徒代表委員会へ提案した例

瀬戸内アートゲイト
～インフォメーションセンターの模型製作～

❶ 目標

　瀬戸内国際芸術祭のアート作品を紹介するインフォメーションセンターの建物をグループでデザインし，建物に込めた自分たちの想いがよりよく伝わるように工夫しながらインフォメーションセンターの模型を製作する。

❷ 単元の概要

1回目	オリエンテーション
2・3回目	設計協議Ⅰ
4・5回目	設計協議Ⅱ
6～10回目	模型製作
11回目	瀬戸内アートゲイトコンテスト

❸ 追求する表現課題

　文化祭で「瀬戸内アートゲイトコンテスト」が開催される。そこで，瀬戸内国際芸術祭のアート作品を紹介する建物をデザインする。それ自体がアート作品となるような芸術的なデザインを考える。模型を見た人に，瀬戸内アートゲイトに込めた想いが伝わるような作品にする。

❹ なぜ『模型製作』なのか

　「百聞は一見に如かず」という言葉が示すように，建造物にせよ，車や飛行機等の乗り物にせよ，立体物としての「モノ」の特長をわかりやすく伝えたい時に「模型」は有効な手段として用いられる。なぜなら，いかに言葉を尽くして語ろうとも，どんなに緻密に設計図を描こうとも，目の前にある模型のわかりやすさやインパクトにはかなわないからだ。特に建造物においては，スケールこそ小さいものの，その建物がもつデザインや機能性，あるいは構造物としての安定性について，模型はまさに目に見える形でわかりやすく伝えることができると考える。また，本来建築の模型製作は個人的な作業でなされることが多いが，本単元では4～6人のグループで一つの模型製作に取り組ませることにした。そうすることで，グループ内での意見の相違や対立が生じた際には，自分のアイデアをよりわかりやすく仲間に伝えたり，複数の意見の共通項を見出したり，複数のアイデアを取捨選択して折衷案を生み出したりすることが求められると考える。すなわち，意図的にグループで模型製作に取り組ませることで製作過程で生じる様々な課題を仲間と協力して解決する状況をつくり出した。このようなよりよい表現につながる試行錯誤を本単元では重視している。

❺ 実践を終えて

①身近で具体的な課題設定がデザインの糸口になる

　多くの生徒にとって建物をデザインし，その模型を製作することは初めての経験であった。そのような中で，建築あるいは現代アートへの関心の有無にかかわらず生徒にとって馴染みのある地域の芸術祭を表現の舞台として設定したことはある一定の効果を見取ることができた。特にこの芸術祭のテーマが「海と島の魅力を，アートを通して伝えること」である点を理解したことで，多くの生徒が瀬戸内海を象徴する海（波）や船，飯山や屋島等の郷土の自然をモチーフにした建物や，うどんやオリーブといった郷土の特産品をモチーフとした建物をデザインする傾向が見られた。また，立地場所を実在する高松港の空き地に特定することで，建物が完成した姿をイメージすることが容易になり，周りの環境とのバランスや海辺の環境を活かした建物を考えたり，人の流れを考慮して設計したりする生徒も現れた。

> ・瀬戸内海といえば船がたくさんあることから，建物の外観を船の形にした。
> ・お椀型の形をしたさぬきの山をイメージしてドーム型のデザインにした。
> ・外観は香川県の名物のうどんの形で，どんぶりからあふれるうどんで「あふれる愛」を表現した。

生徒の振り返り（第2・3回）
生徒の自由な発想からデザインが生み出される

②粘土模型と相互評価でデザインを練り直す

　いきなり平面図や立面図から模型を作るのは生徒たちにとって難しいので，その前段階として油粘土を使って外観デザインを立体化させた。このことを通し，図案の段階では気づかなかった点を改善することができた。また，他のグループの粘土作品を見て気づいたことを付せんに記入し，相互評価シートに貼らせることで，自分たちのデザインのよいところに気づいたり，改善点を把握したりすることができた。

粘土作品を相互評価

授業者からの こぼれ話　高松市には世界的な建築家の丹下健三氏がデザインした建物が二つ（県庁舎と旧県立体育館）あります。授業の中で時間がある人はぜひ見てきなさいと伝えたところ，実際に赴き，それらの建物を構造的に捉え直すことで「天井が高いと気持ちがいい」や，「自然光を上手に建物の内部に取り入れている」等の発見をした生徒もいました。

Professional's Voice

平野　祐一さん
一級建築士
香川大学創造工学部
非常勤講師

建築家はいわば建築物のまとめ役であり，建築物は普通多くの人たちの協議で完成するものです。建築設計という課題は協力と協議の能力を育てるのに有効な教材と考えます。

❻ 単元の流れと実践のポイント

回	生徒の活動と教師のしかけ

1

オリエンテーション

　一級建築士による西洋建築と東洋建築を概観する講義を聞き，建造物に込められている英知を理解した。また，設計課題を知り，立地場所が高松駅や高松港に隣接し，海が見渡せることを確認した。

2・3

設計協議Ⅰ

　個人が自由な発想でデザインできるように正確な立面図や平面図にこだわらず，簡単なデッサンで描くように伝えた。

グループについて

同じイメージを共有している仲間同士や，自分の希望するイメージのグループを選んで編成した（4〜6名）。デザイン案は以下の七つのイメージに大別された。
・水族館　　・魚　　・うどん　　・屋島
・波　　・ガラス　　・船

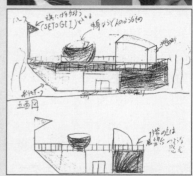

船のイメージの個人デザイン

4・5

設計協議Ⅱ

　イメージを共有する各グループで建物の外観デザインを決定し，油粘土を使って建物を立体化させた。また，他のグループの粘土作品を見て気づいたことを付せんに記入し，相互評価シートに貼らせることで，改善点を把握したりすることができた。

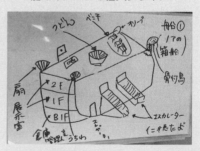

外観デザイン

相互評価シート

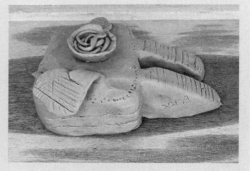

粘土の作品

6 ～ 10 模型製作

　改善点を踏まえながら平面図を描くように指示した。その平面図をもとに専門家が100分1スケールの平面図を製図し，それをもとに模型を製作した。

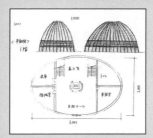
生徒の立面・平面図

専門家による製図

模型製作の様子

> **指導のポイント**
>
> 　模型製作にあたっては，生徒の自由な発想に寄り添い，生徒にひらめきを引き起こさせるために以下の材料を用意して自由に選択させた。
>
> | | | |
> |---|---|---|
> | ・スチレンボード（厚さ3mm，5mm） | ・木工ボンド | ・プラバン |
> | ・プラモデル用ボンド | ・つまようじ | ・竹ひご |
> | ・発砲スチロール | ・割りばし | ・針金 |
> | ・カップ麺の容器 | ・油粘土 | ・厚紙 |
> | ・人工芝のマット | ・紙粘土 | ・色紙 |

11 瀬戸内アートゲイトコンテスト（文化祭・披雲閣）

　文化祭では来場者に好きな作品を三つ選んで投票してもらった。その後，優秀作品を玉藻公園の披雲閣で行われた本校イベントで展示した。

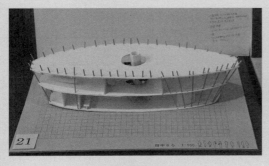
生徒の優秀作品

披雲閣での展示の様子

▶▶▶▶▶▶▶▶▶▶▶ **モノ**で伝える
● 創造表現活動プラム ●

人の心を動かす映像制作 II
～映像に想いを込める～

❶ 目標

映像制作活動に主体的に参加し，チーム内の自己の役割を果たすとともに，よりよい映像作品にするために自己の役割の視点から作品の構成を考えたり，伝えたい相手の気持ちを踏まえた映像制作の工夫をしたりすることができる。

❷ 単元の概要

1回目	オリエンテーション
2・3回目	企画会議
4〜6回目	撮影
7回目	編集
8回目	中間上映会
9・10回目	追撮・修正
11回目	卒業上映会予選

❸ 追求する表現課題

卒業式前日に，卒業生映像作品上映会を行う。テーマは「卒業〜私たちが伝えたいこと〜」。卒業前に自分たちが伝えたいこと，そして伝えたい相手を考え，それらが視聴者にわかる映像作品を制作する。映像作品の時間は2〜3分。各クラスの優秀作品については，卒業式当日にもピロティで上映される。

❹ なぜ『映像制作 II』なのか

今日，スマートフォンやタブレット端末の普及により，映像を用いて個人間で情報を伝え合ったり，自分の想いを伝えたりすることも増えている。様々なソフトにより映像編集も比較的容易に行うことができるようになっている。しかし，容易に映像自体を撮影，編集，発信することが可能になったことにより，発信されている映像によって，人を傷つけたり，トラブルを引き起こしたりする等の社会的問題も多い。これからも進歩し発展し続ける情報社会の中で，生活をより豊かにしたり，よりよい人間関係を構築したりするために，中学校3年間で複数年をかけて考えることは極めて重要である。

また，2年生で学習する「映像制作 I」では，自チームの最終作品に対して多くの改善点を見つけた状態で単元を終える。その改善点の気づきをそのままにするのではなく，3年生で「映像制作 I」の学びを活かしながら映像制作活動を再び行うことで，さらに相手意識をもったよりよい表現を追求することができると考え，「映像制作 II」を設定した。

❺ 実践を終えて

①「伝えたい！」が表現課題へのこだわりを生む

　本単元では，卒業式前日を "表現課題を披露する場（卒業上映会）" として設定した。設定の背景には，卒業を控えた３年生であるため，「伝えたい想い」が単元が進むにつれて大きくまた強くなることと，作品を通して伝えようとしていることを何としてでも伝えたいという気持ちが強くなることがあった。生徒の振り返りの記述からも，そのことがわかる（右）。撮影や編集等は授業時間内で行うことを原則にしていたが，授業時間内で自分たちだけで出演，撮影を行うと，どうしても映像がリアリティに欠ける作品になるということで，授業時間外の撮影を許可してほしいと申し出る生徒が多く見られた。

> ・修正の授業はあと１回。まだまだ完成していないが，卒業上映会をいいものにしたいので，最後までこだわりたい。
> ・放課後の教室のシーンが必要ということになった。先生にお願いして，明日の放課後撮影することになった。
> ・伝えたいことを映像にするのは，本当に難しい。演技がうまくできないので，もっと頑張りたい。

生徒の振り返り（第９・10回）
単元終盤になるにつれ制作意欲はさらに高まる

②２回目だからこそ面白い！

　生徒たちは，２年生の時に，単元「人の心を動かす映像制作Ⅰ 〜映像の可能性〜」で同じように映像制作を行っている。２年生の時は，映像作品の内容がある程度決められていた。しかし，卒業前のこの単元では，大きなテーマはあるものの，内容については生徒たちのアイデアにゆだねられている。制作の見通しや活動の流れがわかっているからこそ，卒業上映会時の視聴者の想いや表情を思い浮かべ，映像制作に没頭することができるのだろう。また，２年次の失敗を活かせることも大きい。実施後のアンケート結果では，すべての生徒が「この授業は楽しかった」と回答した。

作品の修正案を考える生徒たち

授業者からのこぼれ話

　卒業上映会は，生徒も教師も感動の涙に包まれました。それは，生徒たちの『伝えたいこと』が映像を通して伝わってきたからです。
　"○○さん，いつもそばにいてくれてありがとう"
　"先生，僕たちは本当に感謝しています"
　"お母さん，毎日お弁当作ってくれてありがとう"
　映像がもつ力は，私たちの想像を超えました。
　ただ，使用した動画編集ソフトでは，限られた編集しかできなかったため，残念ながら，いくつか生徒の願いを実現させることができませんでした。

卒業上映会優秀作品の１シーン

❻ 単元の流れと実践のポイント

回	生徒の活動と教師のしかけ

1

オリエンテーション

「映像制作Ⅰ（2年次）」の活動を振り返り，自分たちの作品の課題を確認した。また，プロの作品を視聴し，自分が作りたい映像作品のイメージをつくった。

プロの作品に感動する生徒

2・3

企画会議

卒業上映会で自分たちが"伝えたいこと""伝えたい相手"を個人で考えた後，各チームに分かれ，脚本や絵コンテを作成した。

チームについて
作りたい作品コンセプトが似た同士の5人編成。役割は，
- ○監督　　　○脚本
- ○編集　　　○演出
- ○カメラ

脚本づくりのポイントと効果的な撮影の仕方
専門家からの指導
- 「感謝を伝えたい」では，作品はぼんやりする。「○○してくれてありがとう」のように具体的に絞ると脚本を作りやすい。
- インタビュー風のシーンは，あらかじめ字幕を配置する場所を考えて撮影する。

4〜6

撮影

実際に撮影予定の場所に行き，試し撮りを行いながら，脚本を修正した。脚本がある程度固まってから，計画的にシーンの撮影を行った。

各チームに用意する物
- ○タブレット端末1台　　○手作りカチンコ
- ○タブレット用三脚　　　○脚本ファイル

タブレットを使って撮影する

想いを伝える作品にするための課題や工夫
○想いが伝わる作品にするために，これからあなたがすべきことはどんなことですか？

> 家族への感謝の気持ちがもっと伝わるようにするために，手紙のシーンでできるだけ気持ちがこめれるように表情にいしてとりたいです

「感謝」の気持ちを伝えるための工夫

7 編集

　編集担当を中心に，校内のコンピュータ室で編集作業を行う。編集を行いながら，さらに必要なシーンがないか複数人でチェックし，必要に応じて追撮するようにした。

編集作業の様子

8 中間上映会

　現段階での作品を見合った。自分の役割の視点から，意見やアドバイスを付せんに書き込めるようにした。

> **指導のポイント**
> 　中間上映会を終えて「何を伝えたいのか？」をもう一度確認した。撮影や編集が進むにつれ，この一番大事な部分が意識されなくなる傾向があったためである。

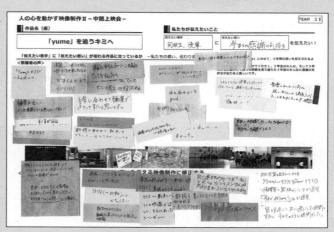

付せんが貼られたワークシート

9・10 追撮・修正

　中間上映会での他チームからのコメント等を踏まえ，自分たちの伝えたいことが伝わるように作品を再度見直し，修正を行うようにした。

単元最終ワークシート

【印象に残っていること，学んだことなど】
たったの1分2分でストーリーを描けることにとても感動しました。
人の心をつかむのは難しいことですが，音と映像を組み合わせると，つかむことができると思いました。写真にも挑戦してみたいです。
映像をつくったことも番，中学校生活の大切なかけがえのない思い出なので，また見れるようDVDにして思い出の箱にしまっておきたいです。

【印象に残っていること，学んだことなど】
「卒業」というテーマでチームの人と中学校生活をふり返ったことが印象に残りました。でも，特別な行事をメインにするよりも，何気ない日常の方が感謝が伝わるかなと思いました。
チームの人と役割を分担し，1つの映像を完成させることの大変さを改めて学べました。

11 卒業上映会予選

　各クラスで予選会を行い，優秀作品を三つ選出した。選ばれた作品を，卒業式前日に学年団全員で視聴した。

心理学からみた
創造表現活動プラムの意義

岡田 涼
香川大学教育学部　准教授

❶ 「プラム」でみられた生徒の姿

「附高中写真コンテスト」の単元で，授業の開始時に先生が声をかける。「グループごとに話して撮影するものが決まったところから，撮りに行っていいよ」。すると，ほとんどの生徒が弾かれたように席を立ち，我先にと撮影場所へと向かう。少し離れたところからみていると，校内のあちらこちらで仲間と話しながら夢中で写真を撮影している様子がみえる。

「ワークショップデザイン体験」という単元では，学外者を招いての科学体験フェスティバルの開催に向けて，１年生がグループになってワークショップを企画する。本番に向けたプレ演習では，校内の３年生に対して自分たちが考えたワークショップの内容を体験してもらい，その意図を説明する姿がみられる。ある生徒が緊張しながらも，自分たちのアイデアを伝えようと言葉を尽くして説明すると，聞いていた３年生が「説明，よかったよ」と声をかけた。すると，説明をした１年生は，はにかみながら少し誇らしげな顔をみせた。

「プラム」の中では，こういった生徒の姿が豊富にみられる。もちろん筆者は活動のほんの一部を参観しただけであるが，その限られた中でも生徒のいきいきとした姿を豊富にみることができた。本稿では，こういった生徒の姿について，心理学の視点をもとに考えてみたい。

❷ 「プラム」での活動に取り組む生徒の意欲

一口に意欲と言っても様々なものがある。何かに一生懸命取り組んでいる時でも，人によってその取組を支える意欲は違うはずである。心理学では，意欲の在り方として内発的動機づけと外発的動機づけの二つを想定している。内発的動機づけとは，活動そのものを目的として自発的に取り組むような意欲である。「野球が好きだから」「数学の問題を解いていると夢中になってしまう」といったように，取り組んでいる活動自体が本人にとって目的となっている状態である。内発的動機づけで活動している時には，好奇心や興味，挑戦心，高い集中などが伴うことが多いとされている（デシ・フラスト，1999）。生徒の姿に照らして考えると，「もっと知りたい」や「やってみたい」といった気持ちをもって，多少の難しさを感じながらも集中して取り組んでいるような姿が，内発的動機づけで活動する姿である。

一方の外発的動機づけは，賞罰や他者からのはたらきかけに基づく意欲である。活動自体に興味があるわけではないものの，報酬をもらえたり，誰かに指示をされたりすることによって取り組んでいる状態である。「テストで悪い点を取りたくない」や「先生に怒られるのは嫌だ」といった気持ちで学習に向かっているとしたら，それは外発的動機づけである。

　二つの動機づけはいずれも人の行動を支える意欲である。しかし，日本の学校教育で大事にされてきた「主体的に学ぶ」ということを考えると，やはり内発的動機づけを涵養することが重要である。「主体的である」ということから思い浮かぶのは，賞罰によって動かされている姿ではなく，自分なりの興味や挑戦心をもとに取り組む姿，すなわち内発的動機づけによって活動に取り組む生徒の姿であると思われる。

　このように考えた時，「プラム」での活動に取り組む生徒の姿は，まさしく内発的動機づけによるものであると言える。弾かれたように飛び出していく生徒の姿や，一生懸命に自分たちのアイデアを伝えようとする姿は，とても主体的だと感じられる。教師に指示されて動くのではなく，「早く自分たちの写真を撮りたい」「何とかこのワークショップのよさを伝えたい」という生徒の内側から湧き出てくるような意欲が感じられるのである。内発的動機づけによっていきいきと取り組む姿が，「プラム」でみられる生徒の姿のよさだと言える。

❸「プラム」での生徒の意欲を支えるもの

　「プラム」でみられる生徒の内発的動機づけを支えているものは何だろうか。人の動機づけの原理を説明するものとして，自己決定理論（Ryan & Deci, 2017）という理論がある。この理論では，内発的動機づけを支えるものとして，人がもつ三つの心理的欲求を考えることが大事であるとしている。三つの心理的欲求とは，「自分のことを自分で決めたい」「自分自身が行動の主体でありたい」という自律性の欲求，「自分のもっている力を高めたい」「いろいろなことができるようになりたい」という有能感の欲求，「他者とよい関係を築きたい」「肯定的なかかわりをもちたい」という関係性の欲求である。多かれ少なかれ人はこの三つの心理的欲求をもっており，それらが満たされた場合に内発的動機づけが高まるというのが自己決定理論の述べるところである（概要については鹿毛（2007）を参照されたい）。

　この視点で「プラム」の活動をみてみると，生徒の主体的な姿が腑に落ちるところがある。「プラム」で設定されている様々な活動は単元化されているものの，実際の活動の中での自由度は非常に高い。例えば，何を被写体にするのか，どのようなワークショップを行うかは，生徒自身の選択や決定に任される部分が大きい。生徒自身が決定し，選び取っていくことで活動が進んでいくという経験は，自律性の欲求を満たすものとなるだろう。また，自分たちのアイデアが伝わったという経験や工夫した末に思い通りの写真が撮れたという経験は，有能感を感じられる経験になる。さらには，同じ学校の生徒から肯定的な評価をもらったり，学外の人と

関わる機会は，関係性の欲求を満たすものにもなり得る。

　このように，「プラム」の中には，様々な形で生徒の心理的欲求を満たすしかけが豊富になされている。もちろん安易な成功体験ばかりを与えるのではない。「附高中写真コンテスト」の一環で，プロの写真家が撮影した写真を見て，自分たちの写真との違いから生徒がはっと息を呑む瞬間もあった。この経験は必ずしも有能感を満たすものではなかったかもしれない。しかし，活動の先にある目標や乗り越えたくなる壁として，生徒の挑戦心や向上心を大いに刺激するものとなっていただろう。心理的欲求を満たしながら，適度な壁に出合わせるという「プラム」のしかけが，生徒の内発的動機づけを支えているのである。

❹「プラム」がもつ意義

　「プラム」は，「相手意識をもったよりよい表現の追求をめざす」領域である。この「めざす」について，生徒を主語として考えてみると，「生徒自身が他者のことを考え，よりよく自分の思いを伝えようとして意欲的に取り組む」というのが「プラム」のねらいであるとも言える。生徒の心理的欲求にはたらきかける様々なしかけを用意し，「表現したい」という内発的な意欲を最大限に引き出しているのが「プラム」という領域であると言えるだろう。

　その「プラム」において，内発的動機づけにもとづく活動に取り組むことは，生徒の成長にとって大きな意味をもっていると考えられる。心理学の研究の中で，内発的動機づけが他者との協同的な関わりを促したり，創造的な問題解決につながることが明らかにされている。自分の内面から沸き起こる意欲をもとに活動に取り組む時，人は積極的に他者と関わりながら，創造的に問題を解決していくのである。これこそが，筆者が「プラム」で目にした生徒の姿であろう。本校で育成しようとする資質・能力であるコミュニケーション能力と創造的思考力についても，内発的な意欲をもとに表現を追求する中で，少しずつ育っていくことが期待される。

　さらには，「プラム」で活動に取り組んだ経験は，生徒の学びに対する新たな見方を形作るうえでも意義深いものであるかもしれない。多くの研究から，中学生の時期には学習に対する内発的動機づけが低下する傾向が報告されている。その中で，内発的動機づけをもとに取り組める活動が教育課程の中にあることは，生徒にとって非常に大きな意味をもつ。リアルで挑戦しがいのある活動に主体的に取り組む経験を繰り返すことによって，生徒は「学ぶ」ということの価値を自分なりに獲得していくだろう。生徒の内発的動機づけを信じた「プラム」という領域は，学校教育全体にも大きな意義をもつ魅力的な活動であると言える。

〈引用文献〉
・エドワード・L・デシ，リチャード・フラスト，桜井茂男（監訳）（1999）．人を伸ばす力─内発と自律のすすめ─　新曜社
・Ryan, R. M. & Deci, E. L. (2017). Self-Determination Theory: Basic Psychological Needs in Motivation, Development, and Wellness. New York: Guilford Press.
・鹿毛雅治（2007）．子どもの姿に学ぶ教師─「学ぶ意欲」と「教育的瞬間」─　教育出版

第2章
創造表現活動の実践

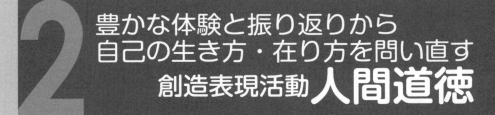

豊かな体験と振り返りから
自己の生き方・在り方を問い直す
創造表現活動 **人間道徳**

● 創造表現活動人間道徳 ●

食べるラボプロジェクト

❶ 目標～自己探求～

食に関わる体験的で多様な学習活動を通して，自分と向き合い，自己を理解しようとしたり，成長しようとしたりすることができる。また，学校内外の様々な人たちとの交流を通して，ともに思考し，未来を創るために必要なことを見つけることができる。

❷ 本単元で重点を置く価値

自己理解
自己と向き合い，自分の関心事や長所・短所などを見つけること。

協力
チームの一員であることを自覚し，仲間とコミュニケーションを取り，助け合いながら活動を進めていくこと。

地域貢献
地域の一員として何ができるかを考え行動すること。

❸ 食べるラボプロジェクトで出合う "豊かな体験"

○プロジェクトの流れ

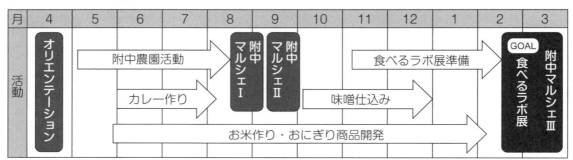

月	4	5	6	7	8	9	10	11	12	1	2	3
活動	オリエンテーション	附中農園活動			附中マルシェⅠ	附中マルシェⅡ		食べるラボ展準備			GOAL 食べるラボ展	附中マルシェⅢ
		カレー作り					味噌仕込み					
		お米作り・おにぎり商品開発										

○食べるラボ展～プロジェクトのGOAL～

本校では隣接する畑を借りて，伝統的に農園活動を1年生で行っている。そこで，1年間を通して「食」に関することを追求しようと「食べるラボプロジェクト」を考えた。「食べるラボプロジェクト」とは，六つの分野に分かれ，総合的な体験を重視した学習活動によって，生徒の関心を高めながら

食べるラボ展で発表する生徒と六つの分野

「食」について多面的に学べる単元デザインとした。そこでは，それぞれの活動ごとにチームを編成し，異なる他者と協働しながらプロジェクトの成功に向けて活動する。

さぬきマルシェで販売する生徒

　【附中マルシェⅠ・Ⅱ】では，農園で栽培した野菜を使って，各チームで趣向を凝らした『オリジナル夏野菜カレー』と『さつま汁』を作る。考案した夏野菜カレーに合う野菜を，自分の役割を果たしながらチームと協力して栽培する。また，毎回の活動ごとに自己評価や他者評価する振り返りを行い，「チームの中で自分はどうだったか」，「チームのみんなはどんな活動をしていたのか」を知り，「自分はどうあるべきだったか」と自己と向き合う自己理解の場とした。『さつま汁』は，本校の文化祭に来た人に振る舞う。役割ごとに分かれたチームで協力し，効率よく料理を提供するにはどうすればよいか，どのように接待すればよいか，などを考えながら【附中マルシェⅢ】につながる活動を行う。

　【附中マルシェⅢ】では，自分たちで作ったお米と味噌を使って『オリジナルおにぎり』とみそ汁をさぬきマルシェに出店する。また，食をテーマにした発表を，『米について』『食と文化』『食と音楽』『食と五感』と会場設営の5チームに分かれて行う。内容はすべて生徒が企画し，自分たちで調べ，作り，約2ヶ月かけて準備を行う。多くの人が往来する高松駅に隣接する商業施設の一部を借りてイベントを行い，地元の食材を使用した商品を販売することで，地域の一員として何ができるのかを考え，行動する地域貢献の場とした。

❹ 食べるラボプロジェクトの "振り返り"

○ "振り返り" の習慣化を図り，3年間の人間道徳の基礎をつくる

　毎回の活動では，授業の最後に教員が感想を述べ，生徒が活動をして思ったことや感じたことを振り返る時間を設定する。授業時だけでなく，翌日の生活記録に記載した活動へのコメントを各クラスの帰りの会で報告したり，全体の場に掲示したりして伝えるようにする。そうすることで，毎回の振り返りを意識して行うのではなく，自然とできるような習慣化を図る。

活動の様子を発信する学校ブログ

　また，学校ブログを通して生徒だけでなく，保護者にも活動の様子を発信し，閲覧してもらうことで，家庭での会話からも振り返りができると考えた。学校だけでなく家庭でも，生徒だけでなく家族とも，振り返りが行われるようにする。

❺ 実践を終えて

①自己の問い直しを促す「人間道徳ファイル」と「学校ブログ」

本単元では，毎時間の活動終了時に，生徒が感想を発表して本時の活動を終えるスタイルで振り返りの時間を設定した。なお，「人間道徳ファイル」として1冊のファイルに学びの思考や履歴を記録した（ファイルは3年間使用）。その中で，大きな節目にしっかりと自己の問い直しを行った。また，ほとんどの生徒が「生活記録」に，こまめに振り返りを書いている。自主的に書くことで，振り返りの深さや本気の表れ方も全く違い，生徒がそれぞれの活動をどう感じたかを捉えることができた。

もう一つは，毎日の活動状況を学校ブログで公開し，教員の感想を書き記した。その中で教員も生徒と同じビジョンを共有して，プロジェクトの成功をめざして活動していることを伝え続けてきた。また，学んだことや反省したことを本音で書くことで，教員と生徒によるビッグプロジェクトチームとしての一体感が育まれたと感じた。

活動を通しての多くの気づきや学び

②実社会で活動し，本気の学びを導く単元デザイン

いかに生徒の本気を引き出せるか，という視点で単元をデザインした。『オリジナル夏野菜カレー』も『オリジナルおにぎり』も，校内選考で生徒，教職員，さぬきマルシェ事務局の人に食べてもらい，優秀商品を選考した。こうすることで，生徒はどう工夫すれば選ばれるかを考えながら構想していた。これは，『食べるラボ展』の企画にも反映され，自らの意志で取り組む姿が見られた。

生徒の本気が表れた生活記録

授業者からの
こぼれ話

元々は「うどんを作ろうか」から始まり，気づけば壮大なプロジェクトとなりました。生徒の意志とアイデアによって多くの関連プロジェクトが生まれました。

また，人間道徳に合わせて，美術での器作りや技術・家庭科での野菜の栽培，食や調理の基礎を学ぶことで，生徒がスムーズに活動できました。そして，多くの専門家に関わってもらうことで，このプロジェクトがさらに深まりました。

❻ 単元の流れと生徒の姿の実際

月	プロジェクトの活動と生徒の姿

4　オリエンテーション

　1年間の人間道徳の流れやゴールイメージをもたせるため，食べるラボプロジェクトのコンセプトや学習活動の概要を説明した。

> 今日の記録
>
> 人間道徳の時に，これから学ぶ事を聞いてびっくりしました。本当にお客さんに自分たちが作ったものを出すことができるというところでしょうげきでした。これからなえを植えるので楽しみです

これからの活動への意欲の表れ

5　附中農園活動

【夏野菜の栽培】

　夏野菜カレーの企画を行い，育てる野菜を決定した。また，農業のプロを講師として招き，畝上げ，植栽，支柱立て，ネット張り，摘芯などの知識や技術を学んだ。

【梅の収穫，追肥計画，看板作り】

　三つの役割をつくり，チーム内で分担して，それぞれの活動を行った。

夏野菜の苗を植える生徒

6　お米作り（田植え）

　農業のプロを講師として招き，おにぎりに合うだろうと考えて選んだ品種「ミルキープリンセス」の苗を，昔ながらの道具を使った「手植え」で，田植えを行った。楽しく活動する姿が見られた。

昔ながらの "手植え" を体験する

7　夏野菜カレー作り

　育てた野菜を使ったオリジナルの夏野菜カレーの商品開発を行った。コンペ形式で，各クラス9チーム中1チームのみが，実際に商品化された。

> 班員の中でうまく役割分担ができ，時間内に速くすることができたのでよかった。
> 調理をする中で，「こうした方がいいかも」とレシピを少し変えてみたり，味つけを加えたりして，とても美味しいカレーができて嬉しかった。
> 1つのカレーを作るのにも，4人で1時間もかかるのに，これをいつもこなしている母は本当に大変なのだとわかった。
> 自分が一生懸命育てた野菜を，おいしく食べられて本当に嬉しかったし，農家の方の苦労も分かったので，これから，1回1回の食事を感謝して食べたい。

地域の人たちへの感謝から自己の生活を見直す

8 【附中マルシェI】～さぬきマルシェ～

　さぬきマルシェに，屋号『附中マルシェ』として出店し，商品を販売した。コンペで選ばれた各クラス1チームと有志メンバーによる活動とした（授業時間外／夏休み）。積極的に来場者たちに声かけして，活動する姿が見られた。

さぬきマルシェで"本物"を体験する

9 【附中マルシェII】～文化祭～

　校内の文化祭で【附中マルシェII】として，来場者にさつま汁をふるまった。農園で栽培したさつまいもを使ったさつま汁であり，保護者や教員，2・3年生に対して学習の成果の一端を示し，次回のマルシェに向けてのご意見をいただいた。

"本物"との出合い～さぬきマルシェ～
　食のプロフェッショナルが多数出店する地域のイベントに出店して，商品を販売した。地域に貢献できるプロジェクトを実践し，学校外の様々な人たちと交流し，地域に貢献した。

【附中マルシェII】でさつま汁をふるまう

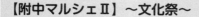

マルシェ翌日（学園祭）に給仕係だった。お客様がたくさん来てくれた。うれしかったのだが，一人一人に丁寧にあいさつやメニューの説明など一つ一つ伝えていくと，帰りぎわに，「おいしかったよ」や「ありがとう」と思いやりの言葉をかけてくれた。味見をしてみても確かにおいしいが，しっかりと心のこもった「おいしかった」と全員に言ってもらえたことに喜びをかんじた。サツマイモで作ったサツマ汁を作って大成功と言えた。家に帰っても母と祖母に「おいしかったよー」と言われた。あの日はたくさんの人にたくさんのありがとうをもらった。後期のたべる学部もがんばってサンポートでも丁寧に1つ1つ接客をして，いっぱいたくさんのありがとうをもらいたいと思う。
9月8日 文化祭当日!! … 大成功を納めることができた

文化祭後の気づきと活動意欲の高まり

お米作り（稲刈り）

　農業のプロのご指導のもと，稲刈りと脱穀を行った。収穫した米「ミルキープリンセス」を使い，次回のマルシェで，おにぎりを販売する計画をたてた。

10 味噌仕込みと漬物作り

　郷土料理の専門家を招き，香川県産の大豆と米麹で味噌の仕込みと漬物作りを行った。この味噌と漬物を使って，【附中マルシェIII】で味噌汁を販売する計画をたてた。

味噌仕込みと漬物作り

11	**食べるラボ展準備**

　研究成果の展覧会に向けて四つのテーマを決めた。また，それらをまとめる会場設営チームと合わせて5チームに分かれて活動を行った。チームで企画・研究し，展示物等を作った。

12 ～ 2	**商品開発**

　収穫した米と手作り味噌を使ったオリジナルのおにぎりと味噌汁の商品開発を行った。前回同様，コンペで審査員を招き，各チームの提案に対する質問や講評を受けながら，商品化するチームを決定した。

商品開発したおにぎり

3	**食べるラボ展と振り返り**

　学習の履歴や研究の成果を発表する展覧会『たべるラボ展』と，開発した商品を販売する『附中マルシェⅢ』を同時開催した。午前中，学校でおにぎりを作った生徒も合流し，全員が校外で活動する1日とした。どの生徒も，積極的に来場者に声かけして活動する情熱溢れる姿が見られた。

特長を伝えて販売する生徒

Professional's Voice

帯包 卓也さん
国分寺グリーンクラブ会長

帯包 洋子さん
むらの技能伝承士

農園活動，味噌仕込みや漬物作りに興味をもって取り組む姿と皆さんの笑顔が思い浮かびます。これからも地元の食材を大切にし，香川県に愛着をもってもらいたいと思います。

Professional's Voice

宮武 宏之さん
本校教員OB

宮武 隼二さん
体験活動援助者

定規・綱を用いた田植え体験，鎌を用いた稲刈り体験，機械による脱穀体験。米作りの大変さと人間の知恵が産んだ遺産の素晴らしさを学んだことと思います。この体験を今後に活かしてください。

▶▶▶▶▶▶▶▶▶▶▶ **心**をつなげる

● 創造表現活動人間道徳 ●

ドリー夢メーカープロジェクト
～ともに夢を描こう～

❶ 目標～人間関係形成～

　現実社会で生きる人々に関わる経験を通して，多様な価値観に触れ，物事を多面的・多角的に捉え，自分自身がどのように生きるべきかを考え続けることができる。

❷ 本単元で重点を置く価値

相互理解
　自分の考えや意見を相手に伝えるとともに，互いの個性や立場を尊重し，相手を寛容に受け入れ，自らを高めること。
個性の伸長
　自己と向き合い自分のよさや弱さを見つけ，そのよさを伸ばしたり，弱さを克服しようとしていること。
よりよく生きる喜び
　自分のよさを見つけ，社会の中でよさをよりよく生かしていこうとすること。

❸ ドリー夢メーカープロジェクトで出合う "豊かな体験"

○プロジェクトの流れ

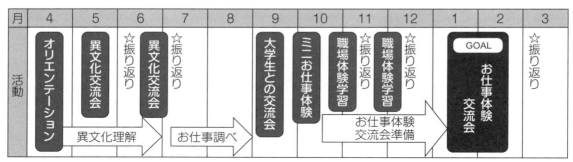

月	4	5	6	7	8	9	10	11	12	1	2	3
活動	オリエンテーション	異文化交流会	☆振り返り　異文化交流会	☆振り返り		大学生との交流会	ミニお仕事体験	職場体験学習	☆振り返り　職場体験学習	☆振り返り　GOAL　お仕事体験交流会		☆振り返り

異文化理解　　　お仕事調べ　　　お仕事体験交流会準備

○ KIDS お仕事体験交流会～プロジェクトの GOAL～

　ドリー夢メーカープロジェクトでは，交流相手の方々との活動の中で，自分の生き方・在り方はどうあるべきかを常に考えてきた。このプロジェクトのゴールは，職場体験学習で学んだことを小学生にわかりやすく伝え，仕事の楽しさを体験してもらう空間づくりを行うことである。このような交流会を通して，自分のよさを見つけ，社会の一員としての在り方を考える。

うどんの打ち方を小学生に教える生徒

○二度の職場体験学習

　職場体験学習は，一定期間生徒が学校を離れて地域の事業所等に従事し，将来の職業観を培い，人間関係形成力の育成をめざして実施した。職場体験学習を2部構成にし，1回目は1日，2回目は2日それぞれ違う業種を経験させる。1回目は，広い視野で社会と自分のつながりを感じられるように，自分の興味・関心とは異なる業種へ体験に行く。2回目は，自分の興味・関心の高い業種へ体験に行く。多くの働く大人と関わり，その姿から自分の将来を描き，理想の大人像を設定した。そのことで，現在の自分のたりないものは何なのかを考え，理想の大人に近づくためにどうすればよいかを考えることができる。

○**わくわく異文化交流会**

　異文化交流会は，日本をより他国に理解してもらうことを目的とするのではなく，自国の文化を見つめ直し，異文化の相手との自己も含めた関わり合いを重視して行った。1回目の交流会では，エンカウンターで心理的な距離を縮め，絵やジェスチャーを用いて互いの夢を語り合うことで，互いを理解しようとすることができる。2回目の交流会では，日本の文化を体験してもらったり，自分の特技を披露したりすることで自己のよさを伸ばすことができる。異なる文化や価値観をもった者同士が交流することで，相手の立場を尊重し，受け入れるためには何が必要か考えるきっかけとなる。

❹ ドリー夢メーカープロジェクトの"振り返り"

○価値の更新を促し，次のステップへとつなげる"振り返り"

①成長を実感するための豊かな体験の語り合い

　自分の成長を実感し，次のステップにつなげるために，豊かな体験後に振り返りの時間を設けた。振り返りの時間は，生徒自身が自分の成長に気づいたり，仲間の成長に気づいたりする大切な時間である。豊かな体験を通して感じたこと・考えたことを自分の視点で言語化し，しっかりと内省する。そして，小グループでの話し合いによって，自分の視点を他者に与えたり，他者から新たな視点を獲得したりする。そのことで，多様な価値に触れ，それらのよさを取り入れながら，自分の価値を更新させ，自らの生き方・在り方への考えを深めていくことをねらった。

②「これまで」を「これから」につなげる教師の関わり

「人間道徳ファイル」（P.106参照）に，これまでの豊かな体験を通して自分が感じたこと考えたことを綴ったワークシートをファイリングする。教師は，一人一人の価値を揺さぶるようなコメントを記述し，生徒の成長を促したり，気づかせたりする。また，それらの考えを定期的に発刊される「人間道徳通信」で紹介し，価値を深める手立てとした。

ワンページポートフォリオ（一部）

---

❺ 実践を終えて

○豊かな体験と振り返りが子どもを変える

「お仕事体験交流会」に向けて，時には，言語や文化背景の違う留学生と夢を語り合った。言葉だけでは伝わらない，理解できない者同士が「夢」というキーワード一つでつながることができた。「仲よくなった留学生に日本文化を体験してもらいたい」という気持ちが生徒をやる気にさせた。

時には，職場体験学習に行き，地域で働く人と関わった。地域で働く大人の姿から「自分には何がたりないのか」「これからどうすればいいのか」など自分の将来を思い描いた。そして，お仕事体験交流会では，少し先を生きる先輩として小学生に仕事の面白さを伝えた。自分の知っていることや学んだことを試行錯誤して伝えようとする生徒の姿はいきいきしており，自信に満ち溢れていた。また，振り返りの時間を十分に設定することで，「自分とは何だろう」「自分はどうあるべきか」と深く内省する生徒が確実に増えていった。

授業者からの
こぼれ話

　単元のゴールである「お仕事体験交流会」は，職場体験学習で学んだ経験や知識を単なる発表会ではなく，小学生向けにわかりやすく体験してもらうという形式で，インプットしたことを試行錯誤してアウトプットする生徒の姿は想像を超えるものがありました。

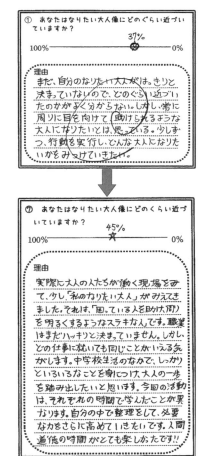

単元前後のワークシートへの
記述の変容例

❻ 単元の流れと生徒の姿の実際

月	プロジェクトの活動と生徒の姿

4

オリエンテーション

　１年間の人間道徳の流れや，学習活動の概要を説明し，プロジェクトのゴールイメージとねらいをもたせた。

5

第１回異文化交流会

　フィリピン・マニラ・カンボジアなどアジア州を中心に香川に日本語を学ぶために来県している留学生約80名と自己紹介をし合い，また互いの夢について語り合い，親睦を深めた。

外国人留学生の感想

　中学生と交流して，いろいろ学ぶことができました。特に驚いたのは，中学生が夢や将来について話したことです。弁護士になりたいとか，その夢を実現するための方法ややる気を詳しく説明しました。私の日本語はそんなに上手じゃないけど，彼は笑顔で一生懸命説明してくれました。いい学生でした。

6

異文化交流会を終えて

（振り返りと第２回異文化交流会に向けて）

　第１回の交流会で，異なる言語や文化背景をもった留学生と交流したことで異文化理解が深まった。そして，留学生の要望から「日本文化でのおもてなし」を次回の交流会テーマに設定することになった。

7・8

第２回異文化交流会

　知ってもらいたい日本文化や自分の特技で留学生をもてなし，相互理解を深めた。

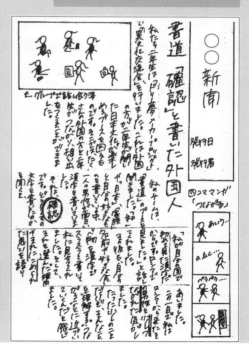

異文化交流会を終えて（振り返り）

　異文化交流会で，感じたことや考えたことをはがき新聞（右記）にまとめて掲示し，体験を通して高めた価値を学年団で共有した。

主なおもてなしブース

・書道	・将棋	・浮世絵	・茶道
・かき氷	・剣道	・餅つき	等

9 **大学生との交流会**

　少し大人の先輩にあたる大学生から，大学生活のことや過去の体験談などの話を聞くことで，将来設計のヒントをもらい，自らの生き方・在り方をより深く考えるきっかけとした。

ミニお仕事体験

　県内の専門学校の講師から，仕事の魅力や仕事内容を聞いた。自分の興味・関心に合わせてヘアアレンジや自動車点検等を実際に体験し，社会に対する視野を広げた。

10 **第1回職場体験学習**

　七つの事業所に分かれて1日職場体験学習を行い，社会とのつながりを実感した。

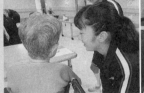

指導のポイント

　職業を体験するだけではなく，以下に示すような価値に気づかせるために，あえて自分の興味関心とは異なる業種での体験を行わせた。
①働く人と関わって，多様な価値観に触れる。
②体験を通して自分のよさや弱さを見つける。

職場体験学習を終えて（振り返りと第2回職場体験学習に向けて）

　第1回目の職場体験を振り返り，体験を通して感じたことをキーワードに表現し，異なる業種に体験に行った4人グループで語り合った。その後，学年団全員で意見交流会を行い，第1回の職場体験学習での成長を確かめ合った。

体験を言語化して振り返る

　異なる業種へ行った4人1組グループで行う。小グループで行うことで，一人一人に，体験を通して感じたことを自分の言葉で仲間に語る時間を設けることができる。また，仲間の考えを聞くことで，自分の考えと比較したり，自分にはない考えに気づいたりすることができる。教師は全体に広げたい考えを適宜紹介し，全体で共有する場のコーディネートを行う。

生徒の感想

　いろんな人の話を聞いて、働くことは簡単じゃないと思いました。特に印象に残っているのはA君の「自分との闘い」という話です。将来のなりたい仕事に良いイメージばっかりもっていてもダメかもしれない。

11

第2回職場体験学習

自分が興味のある事業所で2日間の職場体験学習を行った。

職場体験学習を終えて（振り返り）

「働く大人の姿」から学んだことを写真とキーワードで振り返り，どんな大人になりたいかなどの理想の大人像について語り合った。

憧れの職業に就いている大人との出会い

2回目の職場体験学習では，自分の興味・関心がある事業所へ体験に行く。憧れの職業を模擬体験するだけでなく，以下の2点を課題とした。
①自分が感銘を受けた「働く大人の姿」を写真に撮ってくること。
②「働く」とはどういうことなのか等のインタビューをしてくること。

【働く大人の姿から振り返る】

職場体験学習ですごいと感じた働く大人の写真を撮る

すごいと思ったことをキーワードにして仲間に紹介する

学年団全員で学びを共有する

理想の大人に近づくために必要な価値は何か考える

12~3

KIDS お仕事体験交流会

職場体験学習で学んだことを，小学生にわかりやすく説明し，お仕事を模擬体験できるブースを作る。

今までとは違うアウトプット

これまでの体験が豊かなものであるほど，生徒はインプットした内容に興味をもって自身で調べ，情報をブラッシュアップする。そのことで，アウトプットされることに付加価値がつき，よりよいものになっていく。

Professional's Voice

バロス 造田 幸子さん
学校法人 穴吹学園 専門学校
穴吹情報公務員カレッジ
（日本語学科） 主任

何事も最初が肝心です。中学生の皆さんにとって本授業が「異なる文化背景をもった人」と触れ合う始めての体験だったかもしれません。この出会いが今後の人生のプラスになるとうれしいです。

Professional's Voice

石井 都先生
高松市立花園小学校
指導教諭

ワークショップで案内している中学生が，その仕事の面白さをいきいきと語り，やさしく疑似体験をさせてくれました。4年生は「将来の夢」への期待感が高まっていたようでした。

● 創造表現活動人間道徳 ●

絆プロジェクト
～自分，相手，そして社会を楽しくするために～

❶ 目標～自己実現～

　自分，相手，社会を楽しくするプロジェクトを主体的，協働的に運営する活動を通して，「個性」「他者理解」「社会参画への自覚」の三つの視点で，自己の生き方・在り方について考え，未来の自分につなげていくことができる。

❷ 本単元で重点を置く価値

個性
　自分のかけがえのない個性に気づき，その個性を生かし，磨き，未来の自分の生き方・在り方につなげていこうとする。

他者理解
　他者を楽しませるとはどのようなことか気づき，他者の立場に立った物事の考え方ができるようになる。

社会参画への自覚
　今ここにある社会と関わり，よりよくしていこうとする。

❸ 絆プロジェクトで出合う "豊かな体験"

○プロジェクトの流れ

月	4	5	6	7	8	9	10	11	12	1	2	3
活動	オリエンテーション	企画プレゼン	意見交換会	校内プロモーション	イベント内容検討・練り直し →	第一回 遊び処 附属亭	GOAL 第二回 遊び処 附属亭	☆振り返り				

練り直し

○遊び処　附属亭～プロジェクトの GOAL～

　「遊び処　附属亭」とは，高松城跡の玉藻公園にある披雲閣（国重要文化財）において，多くの訪問者を迎えるイベントのことである。絆プロジェクトは，このイベントを最終ゴールとして，生徒がイベントを企画・運営する中で，自分も相手も社会も楽しくするためにはどうすればよいかを考えていく。

　観光名所の一つである披雲閣には，年齢や性別，国籍等を問わず様々な方が訪れる。そこでイベントを開

「遊び処　附属亭」で幼児に対応する生徒

催することで，多様な訪問客のニーズに応えようと，他者の立場に立った物事の考え方に思いが至るようになる。また，直接的，間接的に自分が関わった訪問客のリアルな反応に触れることで，地域や社会を，自分の力で変えていけるかもしれないという効力感や，自分たちの小さな力では，あまり世の中に働きかけができないという挫折感を味わう。このことが社会参画への自覚につながる。

　また，イベントの成功をめざす過程で，困難な場面に直面することがある。これは，「どのように行動するべきだったのか」，「何を考えたらよかったのか」等，自分とじっくりと向き合って考えるきっかけとなる。そして，社会や他者との関わりの中で，自らの個性に気づき，個性を生かし，磨き，これからの自分の生き方・在り方につなげていくことができる。

○チーム内・チーム間での関わりを通して成長する

　プロジェクトに対する生徒の主体性と責任感を担保するため，イベントの企画を生徒主体で行う。その際に，学年団をいくつかのチームに分け，イベントで取り組みたい企画内容によってチームを編制する。チーム内で具体的にどのような取組を行うか，試行錯誤しながら，お互いの意見を伝え合っていく。そして，チームの方向性を決定していく中で，チームの企画を教師に対して提案する「企画プレゼン」の場や，チーム間で企画内容に対する意見をもらう「意見交換会」，他学年の生徒に向けてイベントを実施する「校内プロモーション」の場を取り入れる。

チームでの活動の様子

　チームで活動していく過程で，個々の意見がうまくまとまらない，チームの方向性に行き詰まりを感じる等といった状況に直面することがある。こうした困難な状況に出合った時，それをチーム内で，またチーム間で，どのようにして乗り越えていくかが，チームとしても個人としても成長の場となる。

---

❹ 絆プロジェクトの"振り返り"

○多様な考え方や感じ方と出合い，自分をじっくりと見つめ直すきっかけづくり

学年団の中で語り合う「ランツ・ゲ・マインデ（以下，ランツ）」

　新たな考えや気づきを得るために，体験そのものだけではなく，体験を振り返る時間を設定し，自己の活動を問い直す時間を重視する。特に，単元の節目において学年団で語り合うランツ（P.38参照）を行う。ランツでは，どのような問いで語り合うかが重要とな

学年団でのランツの様子

る。教師は，それまでの活動の中で重点を置く価値に意識を置いて生徒に接し，生徒がそれぞれの活動を終えた後に，何を考え，感じたのかを把握する。そして，今，生徒に考えてほしいことや生徒の考えを揺さぶるような問いを設定する。ランツでは，実際に経験したからこそ，その問いに対しての想いが語り合われるのである。また，教師は，この生徒の考えに対して，なぜそう考えたのか，活動を通しての気づきに，意味づけをして返す必要もある。

ランツで自分の考えを語る生徒

　こうしたランツを通して，多様な考え方や感じ方と出合ったり，自分の体験が意味づけされたりすることで，自分と向き合い，自分の考えを明確にしたり，自分にはなかった新たな気づきを得て，考えを深めたりすることができる。

❺ 実践を終えて

①じっくりと練り上げてきた時間が生徒を変える

　企画自体は面白そうだけど，なかなか前に進まない。校内プロモーションで失敗し，チーム全員の責任だと気づく。「やる意味はあるのか」，「何のためにやるんだろう」，「何が原因なのか」，「自分たちはどうすればよいのか」ランツ等の振り返りでは，そんな生徒の声が聞かれた。そして，仲間とも，悩み，考え続けた。

　1回目の「遊び処　附属亭」で，お客さんと触れ合い，「楽しかった」の一言や笑顔をもらう。それだけで，これまでの苦労が報われるような気持ちに

「遊び処　附属亭」で見られた生徒の表情

なることを味わう。一瞬でもお客さんとつながれたことに幸せを感じ，2回目に向けて気持ちが前を向く。「もっとよくしたい！」と自分たちで課題を見つけ，責任をもって活動に取り組む。そこには，そんな生徒の姿があり，普段とはまた違った素敵な表情がたくさん見られた。

　絆プロジェクトのほとんどは，生徒が主体となって取り組んだものである。学年団でチームを組み，一つの大きなプロジェクト成功のための企画を練る。この期間は約半年に及び，生徒は自分自身と，仲間と，そして地域・社会の人々とじっくり向き合うことができた。

　プロジェクトの最後の振り返りで，「人とのつながりの大切さ」，「相手と心を通わすこと」，「社会貢献をすることの尊さ」といった言葉が聞かれた。うまくいかない状況と出合いながらも乗り越え，じっくりと練り上げてきた時間が生徒を成長させたと感じた瞬間であった。

②振り返りを通して生徒の姿を見つめ続け，長いスパンで学びを捉える

右は，ある生徒の振り返りの一部である。上は2回目の「遊び処　附属亭」を終えて，下は3年間の人間道徳を振り返ったものである。

活動後の振り返りを大切にし，これまでランツ等を通して，学年団で一つの問いに対する納得解を見出し続けてきた。他者の発言を聞き，怒りを覚えることもあった。しかし，他者の考えを聴くことで，自分がそう思っていないことに気づき，自分の考えを強固にすることもできた。さらに，こうした振り返りを続けながら活動に向かうことで，視点が広がったのも事実であった。そして，一人では何かをしようと思ってもできないことや新しい考えを自分に結びつけて受け入れること，自分とは異なる人と関わることの大切さ等を学ぶことができた。新たな自分にも気づいた。

教師は「生徒は今，何を学んでいるのだろう」そうした思いをもちながら，問いを投げかけ，生徒の姿を見つめ続けた。生徒から発信された言葉や文字には，教師が想定している以上の気づきが見られることがあった。時間をかけて自分自身と向き合ったからこそ，自己の生き方・在り方について考え，未来の自分につなげたのであろう。

自己とじっくり向き合えたことがわかる
ある生徒の振り返りワークシート記述
（囲み枠，下線は筆者によるものである）

❻ 単元の流れと生徒の姿の実際

月	プロジェクトの活動と生徒の姿

4　オリエンテーション

　絆プロジェクトの目的を「自分，相手，そして社会を楽しくするために」と設定し，これからの活動の見通しをもたせた。実際に，イベントを行う披雲閣に下見に行き，どのような活動ができそうなのかを確認した。

下見で会場を確かめる

5　企画検討

　自分たちがどのようなイベントを行いたいかを全体で検討し，絆プロジェクトのテーマにふさわしいイベント名が「遊び処　附属亭」に決定した。内容については，企画を実現させるためのチームを結成して練り上げた。

> **チームについて**
> 　個人で考えた企画書をもとに，所属するチームを決定した。企画内容によって，学級の垣根を越え，男女関係なく自由にチームをつくる姿が見られた。

企画プレゼン

　チームごとに練り上げた企画を具体化するために，教師に対してプレゼンを行い，指摘された内容について修正を行った。

> **指導のポイント**
> 　教師は訪問客の視点で講評をする。また，活動時間や予算，施設の利用方法に関する制約条件を与える。
> 　これにより，理想と現実のギャップに悩みながらも試行錯誤し，より綿密な企画を仕上げさせることができ，イベントの成功につながる。

プレゼンとその後の話し合い

6　意見交換会（振り返り：ランツ①）

　「この『遊び処　附属亭』で，来てくれるお客さんは楽しむことができるだろうか？」をテーマに，イベント全体から見た各チームの企画内容についてチーム間で意見を伝え合った。

> **指導のポイント**
> 　ランツを行う際，教師は答えを導くのではなく，生徒の発言を「待つこと」も大事になってくる。問いに対する他者の考えを聴き，それを受け止めて自分の中で解釈する。改めて自分の考えに気づき，自分の想いを言葉にする。そこにはじっと考える時間が必要になることもある。

7　校内プロモーション

　在校生や教師を対象に，本番を想定した校内プロモーションを行った。本番で起こり得る問題に対処できるように，チームごとに運営を委ねた。

8 ## 校内プロモーションを終えて（振り返り：ランツ②）

　「みんながめざす『遊び処　附属亭』はどうあるべきなのか？」をテーマとして，校内プロモーションを振り返るランツを行った。浮き彫りとなった課題について，意見交流の視点をもとに改善し，本番に向けて準備を行った。

> 私たちの班でやっていることをもっと多くの人に知ってもらわないといけない。「何のために、何をしているか」きちんと伝えることが大切だと思う。

> 係の人がさぼっていたり、連携が取れていなかったりしたことがあた。その辺りの話し合いが必要だと感じた。

振り返り：ランツ②での意見

9 ## 第1回　遊び処　附属亭

　第1回のイベントを開催し，幼児から高齢者まで，国内外を問わず多くの世代の地域社会の方と交流した。

初めて出会うお客さんへの接客を体験

第1回の開催を終えて（振り返り：ランツ③）

　「自分，相手，そして社会を楽しくすることはできたか？」をテーマに第1回のイベントを振り返るランツを行った。自分とは異なる意見も受容した上で，自分の考えを見つめ直し，入園料を支払って来てもらう価値あるイベントになっているのか等について議論が及んだ。ここであがった課題の改善を行い，第2回開催に向けての準備を行った。

訪問客のリアルな反応に触れる
　お客さんが発した何気ない一言に喜びを感じた生徒。企画を理解してもらうことが困難で苦戦した生徒。一つ一つの体験が，この活動の意味を再確認することにつながった。

> 人がどうしたら楽しいと思ってくれるか、人それぞれだけど、不愉快な気持ちではなく、少しでも心から楽しいと相手が思ってくれる活動にしなければならないと思う。

振り返り：ランツ③での意見

10 ## 第2回　遊び処　附属亭

　第1回の経験を活かして，第2回のイベントを開催した。

11 ## 「遊び処　附属亭」を終えて（振り返り：ランツ④）

　3年次のまとめとして，「『遊び処　附属亭』を終え，自分，相手，そして社会を楽しくすることはできたか？」の問いに対する考えを伝え合うランツを行った。発言には，本プロジェクトで重点を置いた価値に迫るものが見られた。

> 非常に内容の濃い話をしたのではないかと感じた。社会を楽しませることはできなかったかもしれないが、相手と自分は楽しませることができたという意見にものすごく共感した。何事も一気に大きなものからせず、小さいことからでも少しずつ変えていくことも大切なのかなと考えた。

振り返り：ランツ④での意見

寄稿

これからの道徳教育を
創造表現活動から展望する

七條 正典
高松大学発達科学部　教授

❶ 道徳の教科化（「特別の教科　道徳」）の中での「創造表現活動　人間道徳」

　昭和33年に「道徳の時間」が特設されてからほぼ60年近く，道徳教育は「道徳の時間」を要として学校の教育活動全体を通じて行われてきた。そして，平成27年３月，学習指導要領の一部改正により，これまでの「道徳の時間」は「特別の教科　道徳」として新たに教育課程に位置づけられることになった。つまり，道徳の教科化である。

　この改訂の本旨は，道徳の教科化により，道徳科を要とした道徳教育の趣旨を踏まえた効果的な指導が学校の教育活動全体を通じてこれまで以上に確実に展開することができるようにすることであり，その要としての道徳授業の実質化（量的確保と質的充実）を図ることである。

　一方，附属高松中学校では，平成27年度から文部科学省研究開発学校の指定を受け，これまでの教科学習に加え，新たに「創造表現活動」を教育課程に位置づけた。その「創造表現活動」は，相手意識をもったよりよい表現を追求していく「プラム」と，自己の生き方・在り方を問い直し，価値の更新につなげる「人間道徳」で構成されている。特に「人間道徳」では，他者と協働するプロジェクト型の学習を通して，他者との対話を含む体験的な活動から，自己を振り返り，自己の生き方・在り方を問い直し，価値を更新する学びを行うことにより，よりよい社会の形成に向けて主体的・協働的に行動できる生徒の育成を目指している。

　周知の通り，道徳教育は「自立した一人の人間として人生を他者と共によりよく生きる人格を形成すること」を目指すものであり，その使命は「道徳性を育てること」である。その意味では，今回の学習指導要領（平成29年告示）における道徳も，附属高松中学校の「人間道徳」も，道徳教育の充実を図ることにおいて同じ方向を目指しているものと考えられる。

　しかし，前者が要としての道徳の授業に焦点を当て，その一層の充実を図ることを強調しているのに対して，後者は，週１時間の道徳の授業に焦点化するのではなく，プロジェクト型の体験活動の実施と，そこにおける他者との対話を通して自己を見つめ価値を創造する学習に比重を置いている点に違いがある。その点において，道徳教育の充実を目指すアプローチの在り方に，両者の違いを見ることができる。

　このことは，今回の道徳の学習指導要領の改訂に携わったものの一人として悩ましいものがあった。この両者の違いをどのように考えればよいのか。これからの道徳教育の在り方を本校

の「創造表現活動　人間道徳」から問い直してみたい。

❷「特別の教科　道徳」と「創造表現活動　人間道徳」の相違点

　「人間道徳」においては，道徳教育の本来のねらいに迫るために，要としての道徳の授業を特に設けず，先にも述べたように，他者と協働するプロジェクト型の体験的な一連の活動を軸に，その中で他者と対話し，自己を振り返り，自己の生き方・在り方を問い直すことによって新たな価値を創造する学びの過程を大切にしている。一方，新学習指導要領道徳では，「道徳の時間」を「特別の教科　道徳」として教科化することにより，その機能の一層の強化を図ろうとするものである。

　確かに，先述のように要としての道徳の授業を設けているかいないかという点において，両者の違いは明らかである。しかし，「人間道徳」において重視されている学びの過程と，「特別の教科　道徳」において示されている学びの過程を比べてみると，そこには相通じるものがある。それは「主体的・対話的で深い学び」という今回の学習指導要領の改訂全体を貫く理念である。

　「特別の教科　道徳」の目標おいては，道徳的諸価値について「自己を見つめ，物事を広い視野から多面的・多角的に考え，人間としての生き方についての考えを深める学習」（中学校）を通して道徳性の育成を目指す学びの過程が示されている。このことは，「人間道徳」における他者との「対話」や，自己への「振り返り」，自己の「生き方・在り方」を問い直し「価値を創造する」という一連の学びの過程と重なっている。

　この「主体的・対話的で深い学び」は，一単位時間の学びとしてだけでなく，単元を通じて，あるいは教科等の横断的な学習の過程においても成立するものであることが，総則の解説において示されている。また，道徳においては，一人一人のよさを伸ばし成長を促す評価の充実が求められ，一単位時間の評価や個々の内容項目ごとの評価だけでなく，「年間や学期にわたって生徒がどれだけ成長したかという視点」を大切にした大まかな評価の重要性が指摘されている。さらには，これまでの道徳教育においても，道徳の時間だけの指導にとどまらず，本校の「人間道徳」に見られるような体験を軸として学ぶ「総合単元的な道徳学習」など，長いスパンで行われる教科等横断的な学習も行われてきた。これらを総合すると，両者には，要としての道徳授業が位置づけられているかどうかの違いはあるが，道徳教育全体の中で「主体的・対話的で深い学び」という学びの過程が重視され，その指導上の工夫が求められているという機能的な側面において共通するものがあると言えよう。

❸ これからの道徳教育を「創造表現活動　人間道徳」から展望する

　道徳授業のための特別の時間を設けるかどうかは戦後様々に論議され，学校の教育活動全体を通じて行う道徳教育ではそのねらいを十分達成することは難しいということから，「道徳の時間」が特設された。しかし，「道徳の時間」特設後およそ60年を経ても学校間格差や教師間格差のある中で，「道徳の時間」を要とした道徳教育が必ずしも機能せず，そのねらいを十分達成できていないことが指摘されてきた。今回の道徳の教科化は，その延長線上にある。

　では，今回本校で提起された「人間道徳」は，これからの道徳教育の在り方を考える上でどのような意味をもつのであろうか。

　一般的には，道徳授業のための時間として特設された「道徳の時間」を「特別の教科　道徳」としてその特質を明確にし，教材の充実（検定教科書の使用）や評価の工夫を図った今回の改訂は，道徳科の特質に応じた授業をより効果的・効率的に行う上で必要であると考えられる。その意味で，道徳の教科化は一定の意味をもつものである。しかし，この60年間解消できなかった問題点が，教科化したからといって果たして簡単に解決できるのであろうか。

　「人間道徳」の実践の中で，地震による被災地への支援活動に対して「何の意味があるのか」と否定的な意見を述べていた当時１年生だった一人の生徒が，３年生での話し合いの際には「きれいごとに聞こえるかもしれないが，自分のしたことが誰かの幸せになることがあるとすれば，それが僕の幸せです」と述べていた。３年間の体験的な活動を軸に様々な他者と出会い，対話を通して価値を創造してきたことの成果が，この考え方の変化（成長の証）として表れている。

　このことは，要としての道徳授業のための特別な時間が設定されていたかどうかというよりも，本校の「主体的・対話的で深い学び」が機能する学びの場の設定の在り方やカリキュラムの工夫，さらにはそれを達成するための教職員が一体となった取組に負うところが大きかったのではないかと考えられる。それゆえ，本校の「創造表現活動　人間道徳」が，今後どの学校においても，どの教師でも実施可能となるためには，さらなる工夫改善が求められよう。

　一方，「特別の教科　道徳」を要としたこれからの道徳教育において，枠組みとしての道徳の教科化は必要条件であったとしても，十分条件にはなりえない。今回の教科化が目指したものが真に実を結ぶためには，道徳科の特質として示された「主体的・対話的で深い学び」が機能するようその理念の具体化を図ることは無論であるが，それを推進する体制づくり（連携・協働によるチームとしての取組）についてもしっかりと視点を当てて取り組むことが今後何よりも求められよう。

あ　と　が　き

　本書は，文部科学省研究開発学校の指定を受け，本校が平成27年度から取り組んできた5年間の研究をまとめたものです。

　平成27年度といえば，学習指導要領の一部が改正された年です。以後，各小・中学校では道徳の教科化に向けた取組が進められ，3年後の平成30年度には小学校で，次いで平成31年度には中学校で「特別の教科　道徳」が全面実施となったことはご承知のとおりです。

　時を同じくして，平成27年，道徳と総合的な学習の時間及び教科の一部の時間を充てて，新しい領域「創造表現活動」を設置したカリキュラムの研究が附属高松中学校でスタートしました。この時期にずいぶん大胆なチャレンジをするものだとお思いになる方もいらっしゃったと思います。学校現場では，いかに道徳の授業を充実させるかに情熱を注いでいる時期に，道徳のないカリキュラムを模索するのですから。

　しかし，手段は違えども，期待する子どもたちの成長には重なる部分が多くあることは，本書をお読みいただいた方には，ご理解いただけるのではないかと思っております。例えば，道徳が自己の生き方を考え，主体的な判断のもとに行動し，自立した人間として他者とともによりよく生きるための道徳性を養うことを目標しているのに対し，「創造表現活動」の中の小領域「人間道徳」ではプロジェクトを協力して作り上げる課程を通して，自己の生き方・在り方を問い直し，価値の更新を行うことを狙いの一つとしている点です。

　各教科と新領域，そして特活で構成されるカリキュラムと各学校で実施されているカリキュラム，どちらがより優れているかをここで論じるつもりはありません。どちらにもよい点と課題があると思います。ですが，この実践の中で我々が目の当たりにした子どもたちの輝いた顔や悩み苦しみながらも真剣に課題に向き合う姿に，大きな可能性を見出したのも事実です。

　自分や他者，そして世界と真剣に向き合った生徒と教師の営みを本書を通して少しでもお伝えすることができ，そして研究の成果がささやかながらも今後の教育の発展の一助となれば幸い至極です。

　最後になりましたが，本研究をご指導いただきました名古屋大学アジアサテライトキャンパス学院学院長磯田文雄先生をはじめ，支え導いてくださいました多くの先生方，そして本書の編集にご尽力いただきました明治図書出版の皆様にお礼を申し上げ，あとがきといたします。

香川大学教育学部附属高松中学校副校長　**藪内　康則**

編 集 後 記

　研究開発のスタートは，真っ暗な洞窟を手探りで進んでいるような感じでした。

　「コミュニケーション能力っていったいどんな能力なの？」

　「話し方の練習，聞き方の練習をする授業が創造表現活動の在るべき姿なのかな？」

　毎週行われる研究集会（本校の研究に関する会議）では，このような声が何度も聞こえました。本書 P.45にも示しましたが，研究開発１年目の教員アンケート調査『教員間の連携が強くなった』という項目に対し，３分の１の教員が否定的な回答でした。そして，研究開発が２年目にさしかかるころ，私たちはカリキュラムを大きく修正しました。

　「生徒たちがドキドキワクワクするような授業にしたいよね。」

　研究開発の取組を進めるうちに，私たちは，授業の原点とも思えるこの大切なことを忘れてしまっていました。

　生徒たちの資質・能力を高めるには，まずは生徒たちを"夢中"にさせること。時には笑顔で，時には真剣な表情で，目の前の活動に没頭させることが欠かせないのではないでしょうか。

　コミュニケーション能力，創造的思考力を育む！

　しかし，それは生徒たちが目の前の活動に"夢中"になって取り組むプロセスで育まれるべきです。創造表現活動を設立したカリキュラム構想の原点です。

　　　　　　　　　　　　　　　　　　　　　　　　　　　　教育研究部一同

研究同人

校　長	佐藤　明宏	副校長	藪内　康則	教　頭	有友　　誠
	三野孝一郎		池田　　良		福家亜希子
	額田　淳子		小澤　　聡		増田　一仁
	小野　智史		一田　幸子		太田　隆志
	佐藤　梨香		野﨑　佳子		赤木　隆宏
	髙橋　範久		中川　佳洋		山下　裕平
	萱野　大樹		山本　早貴		

〈平成30年度　転出者・退職者〉
　　　　赤熊　俊二　　　　吉田　　崇　　　　金丸　高士　　　　八木健太郎
　　　　竹内久美子
〈平成29年度　転出者〉
　　　　時岡　晴美　　　　藤原　由宜　　　　天満　恵美　　　　吉井　雅英
〈平成28年度　転出者〉
　　　　藤崎　裕子
〈平成27年度　転出者〉
　　　　櫻井　佳樹　　　　清水　一郎　　　　三好　一生　　　　富田　彰憲

ご指導・ご助言をいただいた先生方

名古屋大学アジアサテライトキャンパス学院	学院長	磯田　文雄先生
高松大学発達科学部	教授	七條　正典先生
京都大学大学院教育学研究科	教授	西岡加名恵先生
京都大学大学院教育学研究科	准教授	石井　英真先生
高松市立三渓小学校（元香川県教育センター所長）	校長	藤井　浩史先生
香川県教育センター	所長	真鍋　佳樹先生
高松市総合教育センター	所長	篠原　隆則先生
香川県中学校校長会	元会長	小笠原隆夫先生
香川大学教育学部（元教育学部長）	教授	毛利　　猛先生
香川大学教育学部附属教職支援開発センター	センター長	松村　雅文先生
香川大学教育学部	准教授	米村　耕平先生
香川大学教育学部	准教授	岡田　　涼先生

【著者紹介】

香川大学教育学部附属高松中学校
（かがわだいがくきょういくがくぶふぞくたかまつちゅうがっこう）
住所　〒761-8082　香川県高松市鹿角町394番地

【序者紹介】

磯田　文雄（いそだ　ふみお）
名古屋大学アジアサテライトキャンパス学院　学院長

未来を創造する学び
コミュニケーション能力・創造的思考力を育む
新領域　創造表現活動の可能性

2020年4月初版第1刷刊	©著　者	香川大学教育学部附属高松中学校
	序　者	磯　田　文　雄
	発行者	藤　原　光　政
	発行所	明治図書出版株式会社

http://www.meijitosho.co.jp
（企画）佐藤智恵（校正）nojico
〒114-0023　東京都北区滝野川7-46-1
振替00160-5-151318　電話03(5907)6703
ご注文窓口　電話03(5907)6668

＊検印省略　　　　　　　組版所　中　央　美　版

Printed in Japan　　　　　ISBN978-4-18-067756-6

もれなくクーポンがもらえる！読者アンケートはこちらから